歴史文化ライブラリー

242

古代の皇位継承

天武系皇統は実在したか

遠山美都男

吉川弘文館

目　次

称徳から光仁・桓武へ

〔カバー写真〕聖武天皇御影

小泉淳作氏が二〇〇二（平成十四）年に聖武天皇遠忌一二五〇年（二〇〇六年）を記念して作製、東大寺に奉納したもの。聖武が「大仏造立の詔」を発した頃の姿が『続日本紀』や正倉院御物などを参考に描かれている。

天武系皇統は実在したか——プロローグ

1　天武系皇統は実在したか

「天智系」と「天武系」の対立という見方

七世紀後半から八世紀にかけての皇位継承を概観すると、つぎのように説明されることが多いといえよう。

六七二年に起きた壬申《じんしん》の乱により、大海人王子《おおあまのみこ》（天武《てんむ》天皇）はその兄天《てん》智《じ》大王の後継者である大友王子《おおとものみこ》を倒して即位した（後述するように、天皇号の始用は天武天皇からと考えるので、古代の史実について述べる場合には大王・王子、天皇・皇子のように使い分けた）。天武以後、皇位はそのキサキ（皇后）だった持統《じとう》天皇をへて、六九七年、天武の孫（草壁皇子《くさかべのみこ》の息子）にあたる文武《もんむ》天皇へと引き継がれた。そして、七〇七（慶雲《けいうん》四）年の文武没後は文武の母である元明《げんめい》天皇（天智の娘）と彼の姉元正《げんしょう》天皇という二代の女帝をはさんで、七二四（神亀《じんき》元）年に文武の息子聖武《しょうむ》天皇が皇位を継承した。

聖武の後継者となったのはその娘の孝謙《こうけん》天皇であった（七四九〈天平勝宝《てんぴょうしょうほう》元〉年に即位）。七五八（天平宝字《てんぴょうほうじ》二）年、彼女は独身で後継者がいなかったため、皇位を天武の孫にあたる淳仁《じゅんにん》天皇（舎人親王《とねりのみこ》の息子）に譲ったが、後に皇位に復帰して称徳《しょうとく》天皇となった。この孝謙・称徳が七七〇（宝亀《ほうき》元）年に死去すると、結局、皇位は天智の孫、光仁《こうにん》天皇によって継承されることになった。以後、光仁の跡を継いだ桓武《かんむ》天皇の子孫によって皇位は継承されていく。

このように天武から孝謙・称徳まで、皇位は天武の子孫（いわゆる「天武系」）によって独占されていたと考えられている。七一〇（和銅《わどう》三）年に元明が平城京に遷《うつ》っているから、平城京を舞台にした奈良時代とは、まさに「天武系」全盛時代だったことになる。また、持統、元明、元正らの女性天皇が相次いで登場したのも、「天武系」の直系による皇位継承を守り抜くためであったといわれている。だが、孝謙・称徳の死去によって「天武系」は断絶し、「天智系」が復活してそれに取って代わったというわけである。

しかし、七世紀末葉から八世紀にかけて、本当に「天智系」に対する「天武系」といった意識（皇統意識）があり、両者は一貫して対立関係にあったといえるであろうか。たとえば、聖武や孝謙・称徳は本当に自分たちを「天武系」と認識していたのであろうか。また、光仁・桓武父子は自分たちが「天智系」に連なると本当に考えていたのであろうか。

「天智系」皇統説の登場

近年では、井上亘氏（『日本古代の天皇と祭儀』吉川弘文館、一九九八年）、藤堂かほる氏（「天智陵の営造と律令国家の先帝意識—山科陵の位置と文武三年の修陵をめぐって—」『日本歴史』第六〇二号、「律令国家の国忌と廃務—八世紀の先帝意識と天智の位置づけ—」『日本史研究』第四三〇号、一九九八年）、水林彪《たけし》氏（「律令天皇制の皇統意識と神話（上）（下）」『思想』第九六六号・第九六七号、二〇〇四年）らによって、八世紀において天武ではなく天智を重視する意識があったことが指摘され、奈良時代を「天武系」の時代ととらえることに大きな疑問が投げかけられている。

だが、天智や天武といった大王・天皇がその子孫たちや後世の人びとから偉大な大王・天皇と見なされていたことは確かであるが、そのことと彼らが皇統の起点（始祖）と認識されていたこととは、明確に区別して考える必要があると思われる。いずれにしても、この時代の政治史を「天智系」対「天武系」という枠組みでとらえることが果たして妥当なのであろうか。この枠組みに縛られることによって、大切な史実を見落としてしまうことはないであろうか。本書で追究してみたいのはこの問題である。

泉涌寺の歴史から考える

泉涌寺《せんにゅうじ》を御存じだろうか。京都の東山三十六峰のひとつ、月輪山《つきのわやま》の麓にある泉涌寺は「御寺《みてら》」と呼ばれ、皇室の菩提寺《ぼだいじ》として知られている。

泉涌寺は初め法輪寺、次いで仙遊寺と呼ばれたが、一二一八（建保《けんぽう》六）年、月輪大師俊芿《しゅんじょう》が中国宋の法式を取り入れて大伽藍《だいがらん》を建立し、泉涌寺と改称した。この時に後鳥羽《ごとば》上皇・順徳《じゅんとく》天皇・後高倉《ごたかくら》上皇らが賛同し、資を寄せたのが泉涌寺と皇室との結び付きの機縁となった。

一二四二（仁治《にんじ》三）年正月に四条《しじょう》天皇が十二歳で亡くなると、泉涌寺で葬儀が行われ、御陵が俊芿の廟所近くに営まれた。これを機に天皇の御影や尊牌（位牌）が奉安されるようになったのである。一三七四（応安《おうあん》七）年正月、後光厳院《ごこうごんいん》が泉涌寺で火葬されたのを機に、以後、九代の天皇の御火葬所となった。そして、江戸時代の後水尾《ごみずのお》天皇以下の歴代天皇（明正《めいしょう》天皇、後光明《ごこうみょう》天皇、後西《ごさい》天皇、霊元《れいげん》天皇、東山《ひがしやま》天皇、中御門《なかみかど》天皇、桜町《さくらまち》天皇、桃園《ももぞの》天皇、後桜町《ごさくらまち》天皇、後桃園《ごももぞの》天皇、光格《こうかく》天皇、仁孝《にんこう》天皇、孝明《こうめい》天皇）や皇妃の御陵も境内に造営された。

この泉涌寺の境内に霊明《れいめい》殿がある。そこには天智以下、歴代天皇の尊牌が安置されている。その天皇の名前はつぎのとおり。

天智天皇	光仁天皇	桓武天皇	嵯峨《さが》天皇
淳和《じゅんな》天皇	文徳《もんとく》天皇	清和《せいわ》天皇	光孝《こうこう》天皇
醍醐《だいご》天皇	村上《むらかみ》天皇	花山《かざん》天皇	白河《しらかわ》天皇
後白河《ごしらかわ》天皇	高倉《たかくら》天皇	安徳《あんとく》天皇	後鳥羽天皇像
土御門《つちみかど》天皇	後堀河《ごほりかわ》天皇	四条天皇像	後宇多《ごうだ》天皇
後醍醐《ごだいご》天皇	後村上《ごむらかみ》天皇	光厳《こうごん》天皇	光明天皇
崇光《すこう》天皇	後光厳天皇	後円融《ごえんゆう》天皇	後小松《ごこまつ》天皇
称光《しょうこう》天皇	後花園《ごはなぞの》天皇	後土御門《ごつちみかど》天皇	後柏原《ごかしわばら》天皇
後奈良《ごなら》天皇	正親町《おおぎまち》天皇	陽光《ようこう》天皇	後陽成《ごようぜい》天皇
後水尾天皇	明正天皇	後光明天皇	後西天皇
霊元天皇	東山天皇	中御門天皇	桜町天皇
桃園天皇	後桜町天皇	後桃園天皇	光格天皇
仁孝天皇	孝明天皇	明治《めいじ》天皇	大正《たいしょう》天皇

これらのうち陽光天皇とは正親町天皇の第一皇子で、後陽成天皇の父である誠仁《さねひと》親王

（一五五二〜八六）のことである。彼は有力な皇位継承候補だったが、早逝《そうせい》したために即位できず、没後太上《だいじょう》天皇号を追贈され、「陽光太上天皇」と称された。

これを見ると、確かに、天武天皇の縁者や子孫で天皇になった持統・文武・元明・元正・聖武・孝謙（称徳）・淳仁らの位牌が霊明殿に祭られていない。これら「天武系」の天皇の位牌が霊明殿に安置されていないのは、「天智系」と「天武系」が対立関係にあって、「天智系」が復活した後は「天武系」が意図的に排除された結果と考えたくなるのも分からない話ではない。そうであるならば、泉涌寺に「天武系」天皇の位牌がないこと自体が、「天智系」と「天武系」とが対立関係にあった何よりの証拠ということになるであろう。

さらに、泉涌寺霊明殿に「天武系」の位牌がないのは、天智と天武が実の兄弟ではなく（天武が兄、天智が弟で異父兄弟関係にあったとする説もある）、天武が実は天皇家とは無縁の存在だったからとする極端な所説も唱えられている。皇室の菩提寺《ぼだいじ》なのにそこに天武らの位牌がなく、いわば先祖として供養されていないのは、彼らが天皇家とは本来縁のない存在だったからというわけである。

しかし、このような考えが間違っていることは、霊明殿に祭られている位牌の来歴を見れば明らかであろう。

一八七六（明治《めいじ》九）年六月、宮内省から泉涌寺に対して、「尊牌《そんはい》・尊像《そんぞう》奉護料トシテ年々金千二百円下賜《かし》候事《そうろうこと》」という通達があった。泉涌寺は歴代天皇の陵墓や位牌を守護してきたが、神仏分離・神道の国教化政策により陵墓は泉涌寺から切り離された。そして、今後は上記の「奉護料」を得て、歴代天皇の位牌を奉安する寺院として国の保護を受けることになったのである。さらに同日、「京都府下各寺院の尊牌・尊像、悉《ことごと》ク皆、其ノ寺へ合併仰出《おおせいだ》サレ候」との通達も下された。これにより、京都府下の各寺院に奉安されていた歴代天皇および門院・皇子・皇女の位牌や肖像は、特別の寺院を除き、すべて泉涌寺に合併されることになった（『泉涌寺史』による）。

これによって、新たに位牌が泉涌寺に安置されることになった天皇はつぎのとおり。

天智天皇	元明天皇	光仁天皇	桓武天皇
嵯峨・淳和天皇（合牌）		文徳天皇	光孝天皇
宇多《うだ》天皇	醍醐天皇	朱雀《すざく》天皇	白河上皇
鳥羽《とば》上皇	後白河上皇	土御門天皇	後鳥羽上皇
亀山《かめやま》上皇	後宇多上皇	後伏見《ごふしみ》上皇	花園天皇

後醍醐天皇　　後村上天皇　　光厳上皇　　光明天皇
崇光天皇　　後花園天皇

この時、天智やその娘の元明、光仁・桓武父子の位牌が泉涌寺に納められたのは、これら天皇の位牌が京都府内にあったからであった。それに対して、奈良（平城京）を基盤にした天武とその子孫の天皇の位牌が、京都やその周辺の寺院に祭られていなかったのは当然であろう。この場合の「天智系」と「天武系」の相違とは、京都とその周辺の寺にその位牌が祭られているか否かの違いにすぎない。

要するに、天皇の位牌がどこに安置されているかなどは、八世紀の史実とはおよそ無縁の話であろう。泉涌寺における歴代天皇の位牌の祭られかたから、古代における「天智系」に対する「天武系」という意識の実在、「天智系」と「天武系」との対立関係という史実を読み取ることはできないといわねばならない。

中世の「正統」理念から考える

つぎに、この問題を中世独特の天皇観から考えておきたい。中世の天皇観は後世の「万世一系《ばんせいいっけい》」の天皇観とは明らかに異なるのであるが、そこでは「天智系」が主流とされるのに対し「天武系」は非主流とされているのである。

河内祥輔《こうちしょうすけ》『中世の天皇観』（山川出版社、二〇〇三年）によって、中世の「正統《しょうとう》」理念について見ておこう。北畠親房《きたばたけちかふさ》（一二九三〜一三五四）が書いた『神皇正統記《じんのうしょうとうき》』の「正統」とは、神武《じんむ》天皇に始まり後村上天皇に至る父子一系の血統のことである。親房はこの一系の血筋こそが「まこと（真実）」であり、皇位継承の本体と考えたのである。たとえば天智は『神皇正統記』のなかで「第三十九代」「第二十五世」とされている。「第三十九代」というのは初代の神武天皇からの代数であるが、「第二十五世」とは「正統」に属する天皇のなかでの順番をあらわす。ちなみに天武は「第四十代」とあるのみで、「第〇〇世」の記述は見えない。

河内氏は「正統」理念の本質について、つぎのように要約している（図1「『正統』の理念による天皇系図」を参照のこと）。

①「正統」理念の天皇系図は、すべての天皇が一筋に繋がっているのではない。それは「幹」と多くの「枝葉」に分かれ、「枝葉」の天皇の系図は各所で断ち切られている。「一系」として続いているのは「幹」の天皇のみである。「幹」は連続し、「枝葉」は断絶する。「天智系」は確かに「舒明―天智―〇―光仁―桓武」というように、この「幹」に連なっているが、「天武系」は「枝葉」となって絶えている。

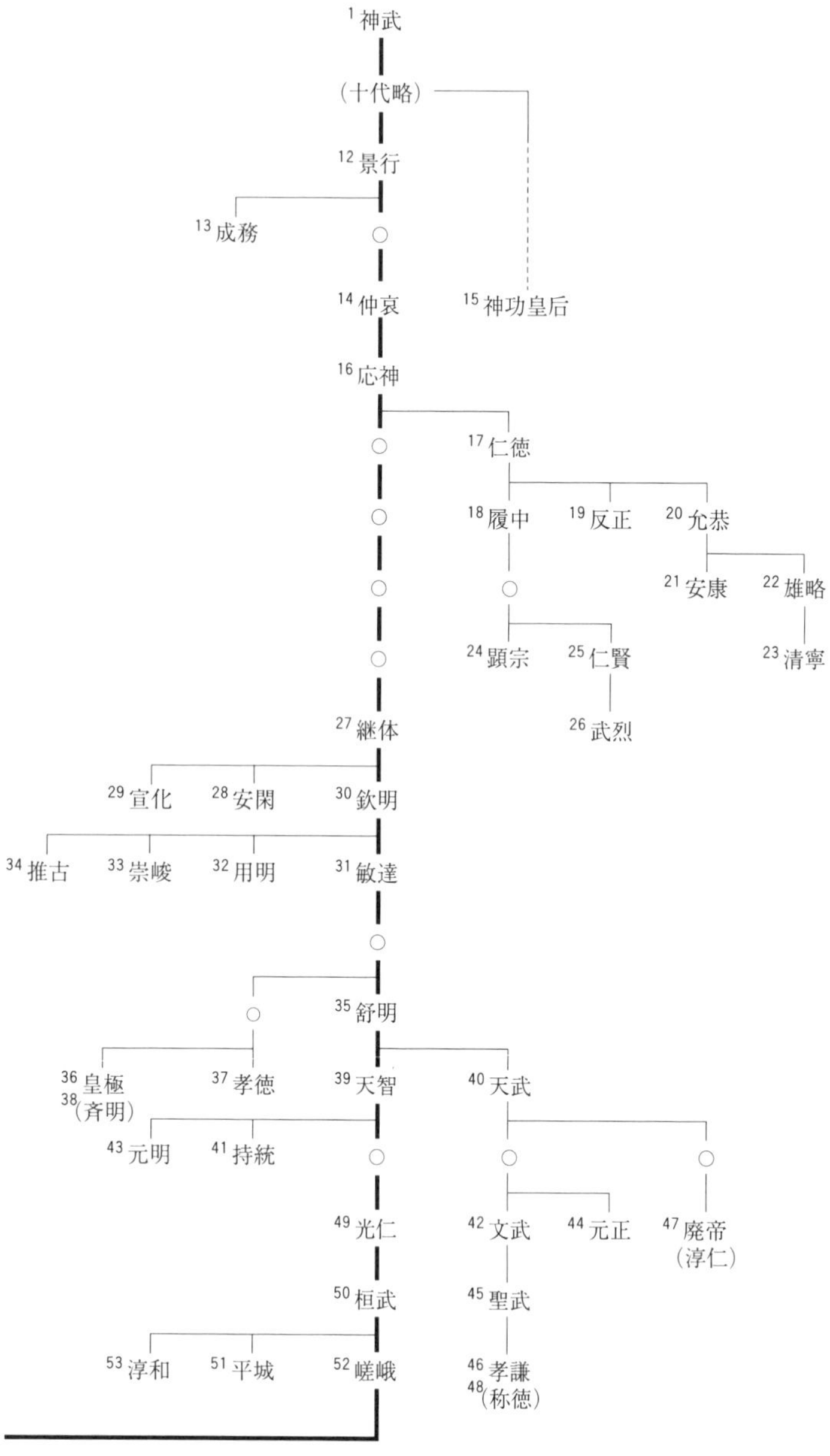

図1　「正統」の理念による天皇系図（『神皇正統記』の場合、河内祥輔『中世の天皇観』山川出版社、二〇〇三より転載）

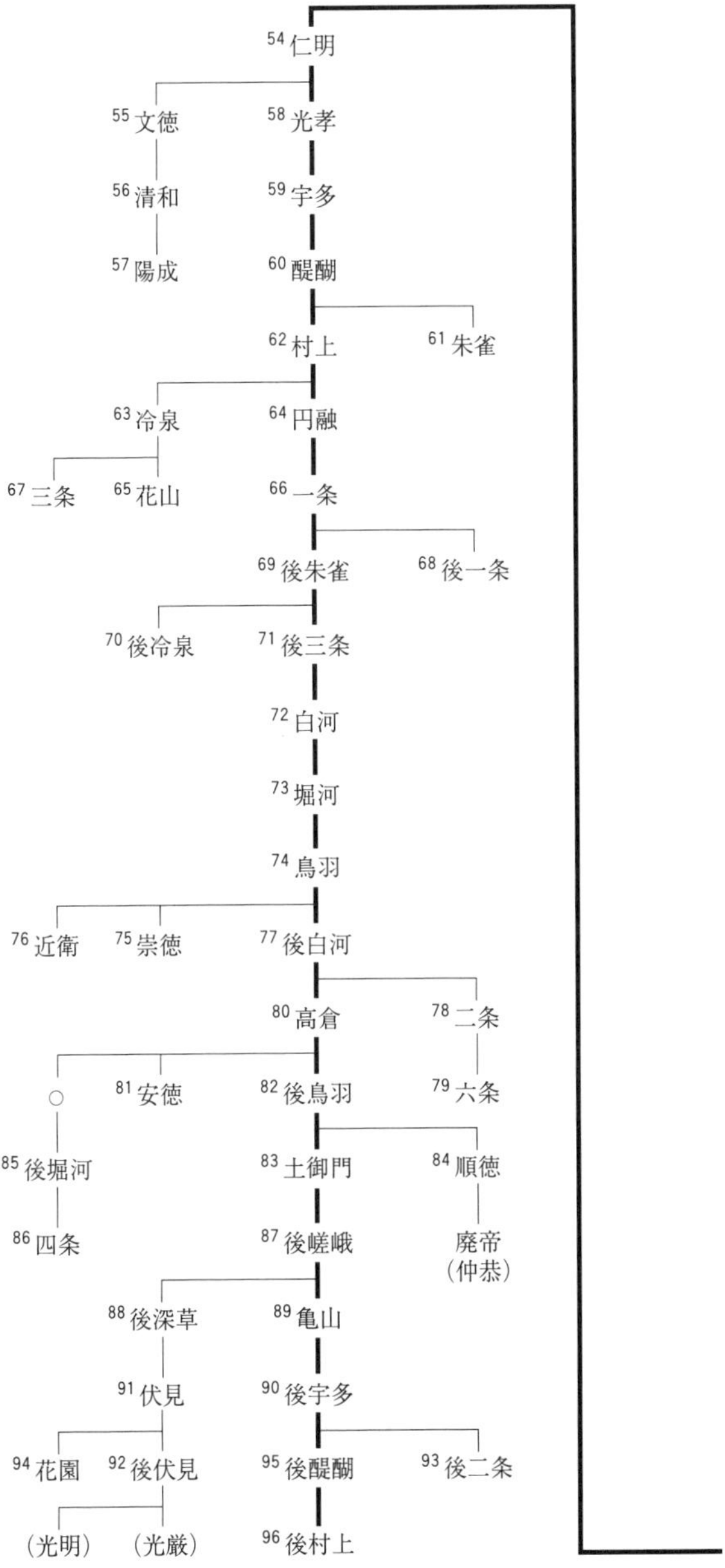
54 仁明
55 文徳
58 光孝
56 清和
59 宇多
57 陽成
60 醍醐
62 村上
61 朱雀
63 冷泉
64 円融
67 三条
65 花山
66 一条
69 後朱雀
68 後一条
70 後冷泉
71 後三条
72 白河
73 堀河
74 鳥羽
76 近衛
75 崇徳
77 後白河
80 高倉
78 二条
81 安徳
82 後鳥羽
79 六条
85 後堀河
83 土御門
84 順徳
86 四条
87 後嵯峨
廃帝（仲恭）
88 後深草
89 亀山
91 伏見
90 後宇多
94 花園
92 後伏見
95 後醍醐
93 後二条
（光明）
（光厳）
96 後村上

②「幹」は血統によって作られるのであって、皇位を継承したか否かは問題とならない。「幹」の中には天皇に即位していない者も含まれている。たとえば、天智の祖父、押坂彦人大兄皇子《おしさかのひこひとのおおえのみこ》や、天智の息子で桓武天皇には祖父にあたる施基親王《しきのみこ》（芝基皇子）は天皇になっていないが、「正統」に属しているのである。

③「幹」と「枝葉」は価値が異なる。「幹」と「枝葉」は直系と傍系の関係ということができる。天皇であろうとも「幹」に位置しなければ価値ある存在とは見なされないのである。「枝葉」に位置する天武やその子孫は、残念ながら中世では価値のある存在とは見なされず、「幹」に連なる「天智系」よりも劣る存在ということになってしまう。

④「幹」を作るのは男性のみであって、女性天皇はすべて「枝葉」に位置づけられる。「正統」の特徴は極端な男系主義にあるといえよう。

要するに、中世において天武系は非「正統」ということになる。「万世一系」とは異なる「正統」理念が支配的だった中世においては、「天智系」は「正統」に連なることになるが、父子一系で皇位をその子孫に伝えられなかった「天武系」は「正統」とは認知されないのである。

だが、この場合の「天智系」と「天武系」との区別は、あくまで中世独特の歴史認識にもとづくものであって、かならずしも古代の実態を反映するものではありえない。その意味で「天智系」対「天武系」という歴史認識は、歴史の後知恵にもとづくものにすぎないといえよう。

通説がいうように、七世紀末葉から八世紀にかけて、天武を皇統の起点（始祖）として絶対視する意識が本当に存在したのであろうか。それとも、近年唱えられているように、天武ではなく天智を皇統の始祖と仰ぐ皇統意識が実在したと考えられるのであろうか。そもそも、「天智系」や「天武系」といった区別や意識自体があったといえるのか。さらに、「天智系」対「天武系」という枠組みで奈良時代の政治史を解き明かすことが可能なのであろうか。

本書では、これらの問題を検討していくことにしたい。それは「天智系」対「天武系」という枠組みに寄りかからないほうが、古代政治史の諸問題を明快に解きほぐせることを個別に証明していく試みとなるであろう。

七世紀の王位継承

天智以前の王位継承

起点―推古大王の遺詔

六二八年三月、推古《すいこ》大王（額田部王女《ぬかたべのひめみこ》。豊御食炊屋姫《とよみけかしきやひめ》とも）が小墾田宮《おはりだのみや》で亡くなった。享年、七十五。彼女が即位したのは五九二年だったから、その治世はおよそ三十六年におよんだことになる。古代の皇統意識について論ずる本書の叙述は、やはりここから始めるのが妥当であろう。なぜならば、その後の王位継承を律する新たな原則が、この女性大王の死の間際《まぎわ》に生み出されたからである。

推古は死の前日、二人の王子を病床に呼び寄せ、それぞれに遺詔《いしょう》（大王の遺言）を伝えた。二人の王子とは、一人は田村王子《たむらのみこ》（押坂彦人大兄王子《おしさかのひこひとのおおえのみこ》の息子）であり、今一人は山背《やましろの》大兄王《おおえのみこ》（厩戸王子《うまやとのみこ》の息子）であった。遺詔の内容はといえば、田村には王位に就任する者の重責と心構えが、山背大兄には将来の王位継承に向けての精神修養が説かれていた。推古の遺詔は明らかに、次期大王が田村であり、その次位が山背大兄であることを示していた。それは、田村のほうが山背大兄よりも年長であることが主たる理由であったと見られる。この時代、大王の擁立条件としては年齢的な成熟、いわば老成していることが重視されていた。それは、年齢的成熟や老成が大王としての政治的器量を保証すると見なされていたからである。

このように推古が死の直前とはいえ、次期大王を指名したことは実に画期的な出来事であった。というのも、これ以前は、大王死去後、大王のもとに結集していた有力な豪族たち（これを群臣《まえつきみ》と呼ぶ）が集まり、彼らがしかるべき王子に即位を要請するという手続きを取って、新しい大王が擁立されていたからである。群臣を統括する地位にあったのが大臣《おおまえつきみ》であり、これは六世紀前半の蘇我稲目《そがのいなめ》以来、蘇我氏の族長が就任する慣わしになっていた。要するにこれ以前は、大王がみずからの意思で次期大王を決めるということがなかったのである。それが今回、推古の指名によって初めて次期大王が決定されたのだから、王位継承は新しい段階に入ったといってよいであろう。

推古がこのような意思を示すことができたのは、ひとえに半世紀にわたる彼女の執政経験と実力があったからこそであると考えられる。彼女は五七六年に異母兄にあたる敏達《びだつ》大王のキサキ（大后）となり、大王の政治を輔佐した。彼女が五九二年に王位を継承するまでに、すでに十数年におよぶキサキとしての執政経験とそれに伴う実績があったわけである。推古が史上最初の女性大王として即位できたのも、その点が高く評価された結果にほかならない。

舒明大王から皇極大王へ

前例のない前大王による次期大王の指名を受け、大臣や群臣らはどうしたか。この時の大臣は蘇我蝦夷《そがのえみし》。推古大王を長年にわたり大臣として支えた馬子《うまこ》が六二六（推古三十四）年に没した後、その息子の蝦夷が大臣位を継承していたのである。蝦夷は前大王である推古の遺詔の実現に向けて、群臣らを自邸に召集、彼らの意思を統一することに努めた。

それに対し、亡き推古からは王位継承順位第一位とされたはずの山背大兄が異議を唱えた。彼は蝦夷の姉妹の息子、すなわちその甥にあたる。山背大兄は、彼が推古から直に聞いた遺詔によれば、自分こそが次期大王だと主張して譲らなかったのである。厄介なことに、山背大兄を次期大王として推す群臣も少なからずいた。そもそも蝦夷が自邸に群臣らを召集し、彼らの意見の一本化をはかろうとしたのも、これら山背大兄派の群臣の存在を顧慮したからであった。

蝦夷は群臣を山背大兄のもとに遣わし、推古の意思が田村擁立にあったことを懇切に説いた。他方、山背大兄も当初は蝦夷の遣わした群臣を前に自説を曲げようとしなかった。両者のやりとりは『日本書紀』舒明《じょめい》即位前紀に詳述されている。山背大兄が「是《ここ》を以て、冀《ねが》はくは正に天皇の遺勅《のちのみことのり》を知らむと欲《おも》ふ」といい、蝦夷もまた「其《そ》れ唯《ただ》遺勅をば誤らじ。臣が私の心には非《あら》ず」と述べているように、両人ともに前大王である推古の遺詔を尊重する姿勢を見せている。この点から見て、次期大王の決定に関して前大王の意思が重要視されていることは明らかであろう。

結局、大臣蝦夷の実に粘り強い説得工作によって、まずは山背大兄派の群臣が折れ、次いで山背大兄自身もその主張を撤回するに至ったようである。そして、六二九年正月、前大王推古の遺詔どおりに田村が即位した。これが舒明大王である。

このように、これ以後は前大王の遺詔を受けて、それに大臣を中心とした群臣層が同意と承認をあたえ、その結果、前大王から指名された人物が王位を継ぐというシステムが整えられていくことになった。『日本書紀』において舒明即位の事情が実に事細かに語られているのは、この新しいシステムの形成に向けての大臣蝦夷や群臣らの努力と奮闘を後世に伝えようというねらいがあったためではあるまいか。

舒明は六四一年十月に百済大宮《くだらのおおみや》で死去する。その在位は約十二年におよんだ。舒明によって次期大王に指名されたのが、そのキサキ宝王女《たからのひめみこ》であった。皇極《こうぎょく》大王である。彼女は舒明大王の異母兄弟、茅渟王《ちぬのみこ》の娘で、舒明・皇極夫妻は叔父・姪の間柄であった。

舒明が皇極を後継者に指名したのは、やはり彼女のキサキとしての経験と実績を評価した結果と考えられる。その点、推古が敏達のキサキとしての経験や実績を買われ、即位におよんだのと事情は同じといえよう。史料には明記されていないが、皇極の即位は舒明の遺詔を奉ずる大臣蘇我蝦夷やその配下の群臣らによって実現したと見なすことができよう。舒明から指名されなかった山背大兄は、その後、六四三年十一月、皇極の命を受けた蘇我入鹿《いるか》（蝦夷の息子）の襲撃を受けて、亡父厩戸王子から継承した斑鳩宮《いかるがのみや》ともども滅び去ることになるのである。

乙巳の変—皇極大王から孝徳大王へ

皇極によって次期大王に指名されたのが同母弟軽王子《かるのみこ》（孝徳《こうとく》大王）であった。ただ、これまでとは違い、皇極は亡くなる間際に孝徳を指名したのではなかった。彼女は六四五年六月に起きた政変（乙巳《いっし》の変。蘇我蝦夷・入鹿父子が滅ぼされた）を契機に譲位を実行したのである。『日本書紀』

によれば、皇極は政変後にわかに息子の中大兄王子《なかのおおえのみこ》（後の天智大王）に譲位するといい出したという。ところが、中大兄は腹心の中臣鎌足《なかとみのかまたり》（後の藤原鎌足）の忠告を容れて、それを断ったと描かれている。

しかし、年齢重視の王位継承が行われているこの時期、当時二十歳にすぎない中大兄（六二六年生まれと伝える）が直ちに即位することができたとは考えがたい。推古以来、前大王が次期大王を指名する慣行が成立している以上、皇極は初めから譲位する相手を決めていたと見なすべきであろう。従来は、皇極にそのような権限のあったことが看過されてきたのである。

皇極がもともと譲位しようとしていた相手とは、彼女の譲りを受けて実際に即位した孝徳その人であったと考えるのが妥当であろう。皇極譲位のきっかけとなった乙巳の変を実行したメンバーが、蘇我倉山田石川麻呂《くらのやまだのいしかわのまろ》を始めとして巨勢徳太《こせのとこた》・中臣鎌足・高向国押《たかむこのくにおし》ら、孝徳大王の側近や彼と縁の深い面々だったことも、この推測を助けてくれる。乙巳の変という軍事行動は、皇極から孝徳への譲位を実現するために断行されたと見なすことが許されよう。

この皇極から孝徳への譲位は我が国史上初の譲位であった。しかし、問題となるのは王位の生前譲渡がこれ以降続かないということである。生前譲位が定着するのは七世紀末葉、持統天皇から文武天皇への譲位（後述）以後であった。とすれば、皇極から孝徳への譲位は、これ以後の譲位とは事情が異なる、この時期固有の背景をもつものだったと考えるべきであろう。

皇極は六四二年の即位以来、飛鳥《あすか》川東岸に一大都市空間（後に「倭京《やまとのみやこ》」と呼ばれた）を建設することを最大の政治目標にしていた。彼女は六四五年に退位した後、後述するように政治の一線から退いてしまったわけではなく、およそ十年後には王位復帰を果たしている（斉明《さいめい》大王）。そして、その斉明の時代に「倭京」は完成を見ているのである。彼女の手で吉野宮《よしののみや》が造営されたのも実にこの時であった。

このように、皇極（斉明）が「倭京」建設を一貫して追求しており、他方で孝徳はその勢力圏のなかにある難波宮《なにわのみや》（難波長柄豊碕宮《なにわのながらのとよさきのみや》）を拠点にして国政の改革を推進した。いわゆる大化改新である。この改革の眼目は、列島各地に住む民衆から物資や労働力を大量かつ円滑に徴収するシステムを早急に構築することであった。それは「倭京」建設を早期に成し遂げるためにも不可欠の改革だったのである。

これらのことから考えるならば、皇極は「倭京」建設に向けて孝徳に国政の抜本的な改革を行わせるために、王位と王権を彼に一時的に譲渡したにすぎないのではないかと見られる。孝徳は、この時期固有の課題である国政改革を実行するために、いわば条件付きで即位した大王だったということができるであろう。

孝徳大王から斉明大王へ

六四五年六月、初めて王位の生前譲渡が行われた結果、従来にはなかった問題が発生した。それは、初めての譲位実現により前大王と現大王が政権中枢に並び立つことになり、両者の政治的関係をどのように規定するかということであった。結果は、前大王のほうが現大王よりも上位にあるとされた。それは、皇極が退位直後に新大王孝徳から「皇祖母尊《すめみおやのみこと》」という称号を献上されていることから明らかであろう。「皇祖母尊」は明らかに天皇号成立以後の修辞を受けているが、この場合の「祖母」はいわゆる祖母ではなく母親の意味であるから、「皇祖母尊」とは結局「大王の御生母《ごせいぼ》」の意味となる。

前大王皇極は現大王孝徳の姉でありながら、擬制上その母親として位置づけられることになったわけである。このような擬制的な母子関係によって、前大王のほうが現大王よりも上位にあることが確認されたといえよう。この点からも、政治的な主導権が現大王である孝徳ではなく、むしろ前大王皇極にあり、孝徳にあたえられた王位と王権が極めて限定的なものであったことが窺われる。この姉弟の関係は、後述するように八世紀における孝謙太上天皇と淳仁天皇との関係に似ているところがある。

六五三（白雉《はくち》四）年、皇極前大王は中大兄に奉じられて難波から「倭京」に帰還し、孝徳が独り難波宮に取り残されるという事件が起きた。これは、王都の所在をめぐり孝徳と中大兄が対立を深め、ついに中大兄が前大王である母を擁して強硬策に出た事件と見なされている。しかし、上記したように皇極譲位の事情や彼女の退位後の政治的優位などから考えれば、「皇祖母尊」皇極は中大兄を使者に立て、孝徳に対しておそらく改革の打ち切り、すなわち王位・王権の返還をもとめたというのが事の真相ではあるまいか。

ところが、孝徳は改革の続行、王位と王権の返還拒否という意思を示した。彼が改革の推進本部ともいうべき難波宮に留まるというのは、そのような強固な意思表示にほかならないであろう。それにも拘わらず、皇極は中大兄らを引き連れて強引に「倭京」に戻り、痺《しび》れを切らしたかのように、その建設の総仕上げに取り掛かったのである。

『日本書紀』は、六五四年十月に孝徳が難波宮で死去した後、翌年正月に皇極が再び即位（重祚《ちょうそ》）したと記している。しかし、皇極が実際に王位への復帰を果したのは、彼女が中大兄に奉じられて「倭京」に帰った六五三年のことだったのではないだろうか。王位・王権を一方的に奪われた孝徳は失意のうちに難波宮で死去したのである。

称　制——天智の即位事情

斉明大王の急死と称制

皇極の重祚である斉明大王のもとで、次期大王に指定されていたのがほかならぬ中大兄であった。『日本書紀』において斉明が即位したとされる六五五年正月の時点で彼はすでに三十歳。その年齢や経験・実績という点でいえば、いつ即位してもおかしくはなかった。

六六〇（斉明六）年、朝鮮半島の百済は、中国の唐《とう》と同じ朝鮮半島にある新羅《しらぎ》とによって王都を急襲され、呆気なく瓦解・滅亡してしまう。百済王（義慈王《ぎじおう》）と王族らは唐に連行されたが、百済の貴族や豪族らによる百済王権の復興運動が各地で発生、その中心勢力が倭国の斉明のもとに軍事的援助を要請してきたのである。さらに彼らは、二十年余にわたって倭国に人質としてあった王子（扶余豊《ふよほう》。余豊璋《よほうしょう》、翹岐《ぎょうき》とも）の本国返還をもとめてきた。

斉明はこれらの要請を受け入れ、六六一年正月、みずから陣頭に立って難波を出帆した。途中、伊予《いよ》国の熟田津《にきたつ》（愛媛県松山市）に立ち寄りながら、三月には筑紫《つくし》の那大津《なのおおつ》（博多湾）に入り、五月、内陸の朝倉橘広庭宮《あさくらのたちばなのひろにわのみや》に本営を設けた。しかし、その年の七月、斉明は急死してしまうのである。

これにより中大兄は、有事の最中だったこともあって、王位を継承する正式な儀式は行わず、斉明が掌握していた王権のみを直ちに継承した。正式な手続きをふんで王位に就任することなく王権を行使することを称制《しょうせい》と呼ぶが、ここに中大兄による称制が開始されたのである。これ以後の中大兄は事実上の大王と見なして問題はないので、以下の叙述では彼を天智大王の名で呼ぶことにしたい。

百済救援のための戦争は天智によって引き継がれた。だが、六六三年八月、朝鮮半島の白村江《はくそんこう》（錦江《きんこう》の河口部といわれる）での海戦で倭国軍は唐軍に大敗を喫し、倭国の後押しによる百済復興（扶余豊による百済王権の復活）はついに実現することがなかった。

天智が正式に王位に就いたのは六六八年正月のことである。その前年三月に天智は

「倭京《やまとのみやこ》」から近江大津宮《おうみおおつのみや》に遷っていたが、そこで初めて即位の儀礼を挙行したのである。天智が称制を始めたのが六六一年七月であったから、正式に大王となった六六八年正月まで、称制期間はおよそ六年半におよんだことになる。

斉明大王の遺業継承

天智が王権は確実に継承しておきながら、王位への就任をこれほどまでに延引した理由は一体どこにあったのであろうか。彼がすでに実質的な大王でありながら、王位就任儀礼を先延ばしにした理由は、従来いわれているように、百済救援戦争の指導と白村江の「戦後」処理に忙殺され、その余裕がなかったという説明にはしたがうことができない。

すでに王権を継承し、それを確実に掌握していた天智が、六年余にわたって王位を受ける儀式を挙行しなかったのは、ひとえに形式的な問題があったためであろう。その形式上の問題とは、彼が前大王である斉明の正式な後継者として承認されるか否かということだったのではあるまいか。前大王と彼（彼女）が起こした事業が偉大であればあるほど、それを引き継ぐ新大王には多くの試練や条件が課せられたに違いない。

従来、斉明は「中継ぎ」の女帝と見なされ、実質的な権力はなく権威も乏しかったと考えられてきた。だから、その後任となる天智は、いつ何時でも、その意思ひとつで容易に即位することができたかのように誤解されてきた。

だが、斉明がこの前後に例のない巨大な事業を二つも起こしていたことを看過してはならない。斉明による二大事業とは、ひとつは阿倍比羅夫《あへのひらふ》を将軍に起用した北方遠征である。これは、東北・北海道地方の沿岸部の住民を大王の支配下に取り込もうとするねらいがあり、一定の成功を収めた。今ひとつは、結果的に失敗に終わった百済救援戦争である。これがもしも成功していたならば、再興した百済がそっくり大王の支配下に入るはずであった。

北方遠征・百済救援のいずれも、その目的とするところは倭国を東アジアに君臨する大国とすることにあった。斉明が先に完成させた「倭京」も、そのような大国の君主が住むにふさわしい都市空間として創造・構築された。「倭京」を完成させた斉明が次に取り組んだのが、その大国の版図拡張という軍事的事業だったわけである。

したがって、斉明の後継たる者は、この二つの事業とその成果を確実に引き継ぐ必要があったわけで、それこそが斉明の後継者の証しと見なされた。天智が即位を前に近江大津宮に遷ったのも、琵琶湖《びわこ》岸にあって水陸交通の要衝《ようしょう》である大津が、北方遠征によって服属させた東北・北海道地方の沿岸住民に対する支配を強化するのに至便だったからと考えられる。いわゆる近江遷都は、天智がその正式な即位に向けて是非ともふまねばならない階梯《かいてい》だったのである。また、この大津宮で正式に即位した天智は、六七一年正月、百済から亡命して来た貴族たちを大量に登用している。この人事は、百済救援の失敗によって実現しなかった百済王を始めとした百済貴族の大王への服属のさまを、大津宮において演出するという政治的意図があったものと見られる。

ともあれ天智は、六年半におよぶ長い称制期間をへて、斉明の後継者として承認されうる実績を築き上げることに成功した。その結果、彼は晴れて即位の儀式を挙げることができたのである。後述するように天智は、八世紀以降「近江大津宮に御宇《あめのしたしらしめ》しし大倭根子《おおやまとねこ》天皇」と呼ばれ、最も偉大な天皇として仰がれることになるが、その権威や正当性が、その前大王である斉明によって保証されるという関係にあったことを軽視してはならない。

王位継承の改造計画

天智は六五〇年代の末頃から、将来を見据えたある一つの計画に取り掛かっていた。それは王位継承の在りかたを大きく変革しようというものであった。年齢や経験・実績などを重視した旧来の王位継承では、極論すれば、大王家に属する男子の多くが潜在的に王位継承資格者となるので、場合によっては候補者が一時期に集中し、それが紛争の火種になりかねない。若き日の天智もまさにその渦中にあって辛酸を嘗《な》めた。だから彼は、王権強化のためにも王位継承の安定をはかることが急務と痛感していたのである。

そこで天智は、まず娘の大田王女《おおたのひめみこ》・鸕野讃良王女《うののさららのひめみこ》（後の持統天皇）らを弟の大海人王子《おおあまのみこ》（後の天武天皇）に嫁がせた。この時、鸕野讃良は十三歳であった。また天智没後のことであるが、同じく彼の娘の大江王女《おおえのひめみこ》・新田部王女《にいたべのひめみこ》も大海人に嫁している。天智は、このような近親婚によって生まれた、濃縮された特殊な血をもった王子に王位継承資格を限定しようとしたのではないかと考えられる。これらの婚姻はいずれも叔父―姪間の結婚であるが、実は天智自身も舒明・皇極という叔父―姪婚の所産であった。結局天智は、自分と同様の血統的条件をもった王子を将来の王

図2　天智大王・天武天皇関係系図（ゴチックは天皇）

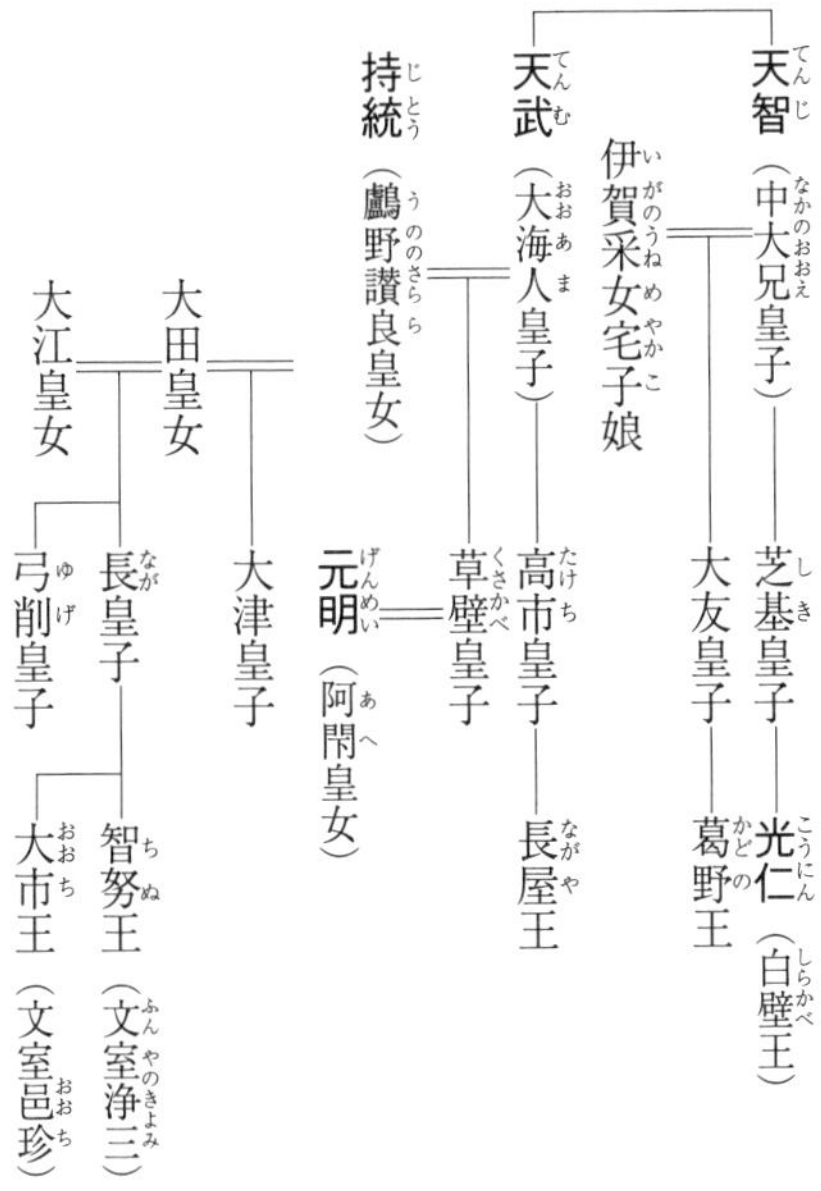

位継承候補に擬そうとしたといえよう。

六六二年に鸕野讃良が草壁王子《くさかべのみこ》を生み、翌六六三年には大田が大津王子《おおつのみこ》を出産した。『日本書紀』持統称制前紀には、大津が「天命開別天皇《あめみことひらかすわけのすめらみこと》の為に愛《めぐ》まれたてまつりたまふ」と見える。これによれば、天智は個人的に、長女大田が生んだ長子である大津を直系の孫として寵愛していたようである。次女の鸕野讃良が生んだ草壁のほうが大津よりも年長なのであるが、天智のなかでは大津のほうが草壁よりも上位に位置づけられていたことになる。

このような近親婚が行われていた六五〇年代後半は、斉明もなお健在だったから、彼女がこの構想に関与していた可能性は高い。倭国を東アジアの大国とするために王権の強化をめざしていた彼女が、王位継承の在りかたの改造に無関心であったとは到底考えがたいであろう。

壬申の乱——天武の即位事情

天智後継は大友王子

天智が次期大王に指名したのはその息子の大友王子《おおとものみこ》であった。六七一（天智十）年正月、大友は新たに設けられた太政大臣に任命され、それにより天智の後継者に擬せられた。大友は、伊賀《いが》国の豪族の娘（宅子娘《やかこのいらつめ》）が生んだ王子であり、この時まだ二十四歳の若さであった。従来の慣例でいえば、その即位はなお数年先のことだったはずである。

大友はその母の身分が低いことから、本来的に王位継承資格が認められていなかったというが、それは違うと思われる。王族の母親の身分や出自が厳しく詮索されるようになるのは、これより後のことであった。旧来の価値観に照らせば、大友は天智の最年長の息子であり、その上同母から生まれた最年長子（『日本書紀』では弟妹はいないことになっている）でもあったから、天智の後継者に指名される資格は十分にあった。

だが、当時は、上記したように大津や草壁のような特殊な血統をもった王子に王位を継承させようという考えが形成されつつあった。それにも拘わらず、大友が次期大王に指名されたのはどうしてであろうか。それは、六七一年の時点で天智は齢《よわい》四十六であり、当時とすればすでに老境に達していたことを考慮に入れる必要がある。天智に万一のことがあった場合、彼が将来の大王候補と目していた大津や草壁はまだ幼少（大津九歳、草壁十歳）であり、直ちに即位することは到底無理であった。

そのような状況から推し量れば、大友は大津や草壁らの王子が成長して即位が可能になるまでの「中継ぎ」として、天智後継に選ばれたと考えるのが妥当ではあるまいか。いわば天智に代わり、特別な血統を受け継ぐ王子の即位を見届ける大役が大友の双肩に負わされることになったのである。

大海人王子の立場

とすれば、なぜこの役割を果たすのが大友とされたのか、いい換えれば、なぜ天智の同母弟大海人ではだめだったのかを説明しなければならない。大海人は天智の「皇太子」あるいは「皇太弟」であったといわれている。つまり、当初は天智の後継者は大海人と決められていたというわけである。しかし、皇太子制が成立するのはこれより後の六八九（持統三）年のことである。この時代、「皇太子」も「皇太弟」も存在しない。『日本書紀』によれば、大海人は「大皇弟」「太皇弟」あるいは「東宮大皇弟」などと呼ばれている。

「大（太）皇弟」は天皇号が成立した後の表記であって、当時は「大王弟」とでも書かれたのであろう。とすれば、「大王になった御方の弟君」といった意味の呼称ということになる。それには大王の後継者といった意味は含まれていない。「東宮大皇弟」の「東宮」は皇太子の別称であり、それをわざわざ冠していることからいっても、「大皇弟（大王弟）」は王位継承予定者の称号ではなかったと見られる。

当時「大王弟」と呼ばれていた大海人は、あくまでも大王となった兄のもとにあって、その輔佐にあたることが義務づけられていたのであり、将来における即位を約束されていたとは考えがたい。それは、大海人が舒明・斉明夫妻の間に生まれた第二子であったことに関係すると思われる。六世紀の後半以来、大王家では王位継承資格者の数を制限しておくために、王子たちのなかでも同母兄弟中の長子にのみ王位継承の優先権を認めた。この長子の通称が大兄《おおえ》にほかならない。舒明・斉明夫妻の長子である天智には歴《れつき》とした即位資格があり、現に大王位を継承したが、大海人には基本的に王位継承権はなかったと考えるべきである。

六世紀前半に継体《けいたい》大王の息子である安閑《あんかん》大王と宣化《せんか》大王の兄弟（同母）が相次いで即位した例があるが、これ以後そのような事例は皆無といってよい。結果的に見ると、七世紀半ば、皇極（斉明）と孝徳という同母の姉弟が相次いで王位に就いた例がある。しかし、これは姉皇極があくまでキサキとしての経験と実績を評価されて即位しているので、兄（姉）が即位したならば、その同母の弟妹も即位できたという前例とは見なしがたい。

要するに「大王弟」大海人は最初から天智の後継者ではなく、その輔佐役にすぎなかったのである。六七一（天智十）年になって大友が太政大臣となり次期大王に指名されると、大海人はこの甥にあたる王子の後見人あるいは輔佐役を命じられたのではないかと見られる。というのも、六六九年までに大海人の長女である十市王女《とおちのひめみこ》が大友に嫁いでおり（二人の間の息子、葛野王《かどののみこ》が六六九年の生まれ）、大友は大海人が後見・庇護すべき娘婿の位置にあったからである。

後に壬申の乱に勝利して天武天皇となる大海人であるが、内乱以前は天智の輔佐役、次いで甥にあたる大友の後見人・輔佐役にすぎなかった。後述するように、八世紀以後、天武の評価が天智のそれをついに超えることがなかったのは、この点と関係するのではないかと思われる。

内乱の共同謀議

七世紀を見渡して、前大王が次期大王に指名した人物が即位できなかった、いい換えれば前大王の意思が覆されたのは、天智によって指名された大友の例しかない。大友の即位は、その叔父大海人の起こした内乱（壬申の乱）によって否定され、ついに実現を見ることがなかったのである。

『日本書紀』天武紀上（壬申紀）によれば、大海人は本来認められていた王位継承資格を一方的に奪われたので、それを回復するためにやむなく決起したと描かれている。しかし、大海人には本来即位資格がなかったのであり、彼は既得権を取り返すために挙兵にふみ切ったのではなく、天智後継としての大友の地位を武力で否定し、それを我が物にしようとしたといわねばならない。壬申の乱とはそのような戦争だった。

この戦争の計画には大海人の妻である鸕野讃良も加わっていた。『日本書紀』持統称制前紀には、「天渟中原瀛真人天皇《あまのぬなはらおきのまひとのすめらみこと》に従ひて、難を東国に避けたまふ。旅《いくさ》に鞠《つ》げ衆《もろひと》を会《つど》へて、遂に与《とも》に謀《はかりごと》を定む」とある。これによれば、鸕野讃良は夫とともに軍団に布告し兵士を結集して、作戦を定めたというのである。その意味で壬申の乱は、大海人・鸕野讃良夫妻の共同謀議であったということができる。大海人が決起したのは、彼が長年にわたり兄天智を輔佐し、政治的な経験と実績を積んだ結果、彼自身も王位に就任したいという野心を抱いたためであろう。だが、鸕野讃良がこの謀議に加わったのはなぜであろうか。

それは、彼女が異母弟にあたる大友の即位を粉砕しない限り、新大王大友の後見人・輔佐役たる大海人の妻の座に終生留まらざるをえないという彼女の境遇から推察すればよい。鸕野讃良は夫が内乱を制し王位に就任して初めて、キサキになることができるのである（彼女の姉大田は六六七年以前に死去）。彼女が挙兵の謀議に積極的に加わった動機としては、この点を措いて他には考えがたいであろう。キサキになれば、推古、斉明のようにキサキから王位を継承した先例があり、やがて彼女にも即位の機会がめぐってくる。とくに斉明は鸕野讃良の父方の祖母として極めて身近な存在でもあった。鸕野讃良が斉明のように自身も大王になることを考えなかったとはいいがたい。

六七一年十二月、天智が近江大津宮で死去する。彼は死の間際《まぎわ》、庚午年籍《こうごねんじゃく》（六七〇年施行）により民衆から徴兵して大海人を倒すべきことを大友に命じていた。翌六七二年六月、隠棲していた吉野宮を脱出した大海人は伊賀・伊勢《いせ》両国をへて美濃《みの》国に入り不破《ふわ》（岐阜県関ヶ原町）を拠点にした。鸕野讃良は途中の伊勢国の桑名にとどまって戦況を見守った。

天智の指示もあって兵力の点では大友が圧倒的に優勢であったが、大海人・鸕野讃良夫妻による水面下の工作が功を奏し、七月に入り、大海人軍がまずは「倭京《やまとのみやこ》」制圧に成功し、次いで近江方面での戦闘でも連勝を収めた。そして、瀬田橋をはさんだ最終決戦に敗れた大友を自殺に追い詰め、内乱は約一ヵ月で終わりを告げた。

天智没後、大友は王位就任儀礼を挙行することなく王権のみを掌握する、いわゆる称制を行っていたのではないかと見られる。おそらく彼は、大海人を倒した後に正式に即位儀礼を挙げる予定だったのであろう。『日本書紀』天武紀上は六七二年（壬申年）を天武元年とするが、壬申の乱は大友王子による称制期間中に起きたということができる。

天皇の誕生

六七三（天武二）年二月、大海人は「倭京」中枢に位置する飛鳥浄御原《あすかきよみはらの》宮《みや》で王位に就任した。ただ彼は即位に際し、従来の大王ではなく、新たに天皇という称号を採用し、初代天皇に就任した。天武天皇の誕生である。以下、彼をこの名で呼ぼう。

内乱の最中、天武は美濃国不破の本営で息子の高市王子《たけちのみこ》に軍事大権（統帥権）を委譲、みずからは戦線のはるか後方に退いた。これにより壬申の乱は、「天智後継の座をめぐる天武と大友との戦争」から「天智後継の座をめぐる高市と大友との戦争」に転換したのである。その結果、勝利した高市に戦後約束されるのが従来の大王の座であるとすれば、高市の上位にあって彼に指令を発する天武は旧来の大王を超越した位置を確保することになる。この新たな地位の呼称として選ばれたのが天皇だったのである。

漢語である天皇は「不老不死」をもとめる宗教である道教において最高の神格の呼称であり、いわば「不老不死」の象徴であった。それに対し和訓「すめらみこと」は、「この世で最も清浄な御方」「穢《けが》れの対極におられる御方」の意味となる。この場合の「穢れ」とは「気枯れ（生命力の減退・消滅）」であるから、その状態の対極にあるとは「生命力が充実しているさま」あるいは「生命力が永遠であるさま」を意味することになる。したがって、「すめらみこと」とは「永遠の生命力を保持する希有《けう》な御方」ということになろう。漢語天皇とその和訓「すめらみこと」とは、意味内容が重なり合うのである。

なぜ、天武が天皇＝「すめらみこと」と呼ぶに値するというのであろうか。天武は壬申の乱において戦線のはるか後方にあって、流血や死という「穢れ」に満ちた戦場に一切身をさらすことがなかった。それにも拘わらず、空前絶後の勝利を得ることができた。だから、彼こそはあらゆる「穢れ」すなわち「生命力の減退・消滅」といった状態から超越している特別な人格なのだということで、天皇の名に値すると見なされたのであろう。

このように天武が、天皇という外来の宗教を背景にもつ、まったく新しい価値や権威に依存しようとしたのは、それによって元来即位資格がなかった自身の権威の不足や欠落を補うという目的があったと見られる。さらにいえば、大友を殺害し、彼から天智後継の座を奪ったわけであるから、その罪科を隠蔽するためにも、まったく新たな地位を生み出す必要があったに違いない。彼が従来の大王になったのでは、大友からそれを奪ったことが明白になってしまうであろう。天武は兄天智といわば絶縁するためにも、天皇号を選ばねばならなかったのである。

吉野行幸——持続の即位事情

盟約——吉野への道

天武の後継者については、鸕野讃良皇女《うののさららのひめみこ》との間に生まれた草壁皇子《くさかべのみこ》であったとするのが通説である。六八一（天武十）年二月、天武の命令により律令《りつりょう》の編纂が開始されたその日に、草壁が皇太子に立てられたというのだが、上記したように皇太子制の成立はこれより後のこと（六八九年）なので、この皇太子の記述は『日本書紀』の潤飾と考えられる。草壁は「皇子尊」と呼ばれたが、「尊」とは彼がその他の皇子たちとは別格であることを示す。草壁が皇位継承の上で諸皇子中の筆頭だったことは明らかであろう。

ただ、それは草壁があくまでも諸皇子中で最有力の天皇候補というのであって、実は、彼の上にさらに有力な皇位継承資格者がいた。それが天武皇后であり、草壁の母である鸕野讃良であった。天武の即位に伴い、鸕野讃良はキサキ（皇后）に立てられた。これは初代の皇后ということになる。キサキから即位して大王になった推古、皇極・斉明の前例をふまえれば、皇后となった彼女にはこの時点で天皇になる資格と可能性が認められていたのである。

それをより確実なものにしたのが六七九年五月の吉野盟約であった。天武は鸕野讃良皇后らとともに吉野宮を訪れ、ここで盟約の儀を行った。儀式に参加したのは天皇・皇后のほか、草壁・大津・高市・河嶋《かわしま》・忍壁《おさかべ》・芝基《しき》ら六人の皇子であった。草壁・大津・高市・忍壁らは天武の皇子であるが、河嶋・芝基らは亡き天智の皇子であった。彼らはいずれも、すでに成人に達していたから、その意味で皇位継承権をもつ面々ということになる。

まずは天武が、「朕《われ》、今日、汝等《いましたち》と倶《とも》に庭《おおば》に盟《ちか》ひて、千歳《ちとせ》の後に、事無からしめむと欲《おもお》す。奈之何《いかに》」と呼び掛けた。それを受けて草壁が「天神地祇及び天皇、証《あきら》めたまへ。吾兄弟長幼、并《あわせ》て十余王、各異腹《ことはら》より出でたり。然れども同じきと異なりと別《わ》かず、倶《とも》に天皇の勅に随ひて、相扶《あいたす》けて忤《さか》ふること無けむ」と述べ、他の皇子たちが順次同様の誓詞を述べた。最後に天武と鸕野讃良が、皇子たちに対して「朕が男等、各異腹にして生れたり。然れども今一母同産《ひとつおもはらから》の如く慈《めぐ》まむ」と誓い、儀式は終了したのである。

この吉野盟約において、草壁・大津が筆頭・別格の扱いを受けているのは、彼らが天智と天武両方の血を受け継ぐという特別な血統の持ち主だったからである。この時期、斉明と天智が打ち出した方針を受け継いで、濃縮された特別な血筋をもつことが皇位継承にとって最も重要な条件とされていたことが分かる。ただ、この儀式の主眼はそのことを確認するのではなく、鸕野讃良の立場の確立にこそあったと見られる。

すなわち、この盟約の結果、鸕野讃良はそれぞれ母を異にする六人の皇子たちから母と仰がれる位置を得ることになったのである。かつて、退位した皇極（斉明）が弟の孝徳から「皇祖母尊《すめみおやのみこと》」と呼ばれ、大王の母親として位置づけられたことにより、現大王孝徳に対する優位を確保したことがあった。それと同じように、鸕野讃良と六人の皇子たちとの間に擬制的な母子関係が設定されたことによって、彼女の皇位継承権が草壁ら六皇子よりも上位にあることが確認されたのである。

このように、もともと皇后として即位資格の認められていた鸕野讃良が、吉野盟約をへることによって天武の次期天皇であることが確定されたといえよう。草壁は通説のいうように天武ではなく鸕野讃良の後継者だったと見なすべきである。そして大津は、この時点では草壁に次ぐ位置を認められていた。

大津皇子の「謀反」

六八六（朱鳥元）年五月、天武は体調の不良を訴え、病床に伏すようになった。七月に入ると、病の進行により執務が困難となり、すべての政務は鸕野讃良皇后と草壁に委ねられることになった。これは、鸕野讃良が皇后として天皇権力を引き継いだことを意味しているのであって、ここに彼女による称制が開始されたと考えられる。彼女はこの時点において、すでに事実上の天皇となったのである。以下の叙述では彼女を持統天皇と呼ぶことにする。草壁の役割はといえば、天智・天武の諸皇子中筆頭の立場において持統の称制を輔佐することにあったと見られる。これにより草壁は、持統の次期天皇であることが確約されたといってよいであろう。

同年の九月九日、天武はついに飛鳥浄御原宮《あすかきよみはらのみや》で死去する。その亡骸《なきがら》が安置された殯宮《もがりのみや》において、翌月、大津は草壁を暗殺しようと企てた容疑によって捕らえられ、その翌日、死を賜った。この事件については、草壁の即位を願う持統による謀略とするのが定説である。だが、大津が何も画策していないのに一方的に罪に陥れられたと見なすことができるであろうか。また、持統の事件への関与は否定できないとしても、その動機がたんに我が子草壁の地位を守ることであったとは考えがたいであろう。

なぜそのように考えるかといえば、吉野盟約から四年後の六八三（天武十二）年、草壁と天智の娘阿閇皇女《あへのひめみこ》（後の元明天皇）との間に珂瑠皇子《かるのみこ》（後の文武天皇）が誕生しているからである。この皇子は、叔父―姪婚の所産である天智自身はもちろん、同じく叔父―姪間に生まれた草壁や大津、さらには長皇子《ながのみこ》・弓削皇子《ゆげのみこ》、舎人皇子《とねりのみこ》らよりも高い血統的権威を備えていたといってよい。

珂瑠皇子誕生の波紋

そもそも草壁と阿閇が結婚したのは、珂瑠のような血統的権威を備えた皇子を生み出すためであったと考えられる。これほどまでに特殊な血統をもった皇子は前後に例がなく、彼が天皇になれば間違いなく一定の起点たりうる。このように皇統の起点（始祖）となる特別な血統をもった皇子を生み出すための結婚を企て、推し進めたのは、やはり天武とその皇后持統であったと見なすのが妥当であろう。

以上のように理解するならば、吉野盟約で確定された「持統→草壁→大津」という皇位継承順位は、六八三年以降「持統→草壁→珂瑠」というように変更されることになったと見られる。これにより大津の皇位継承の可能性は事実上失われたといわねばならない。

亡き天武は、文武両道に秀で人望も厚い大津に期待するところが大であったといわれるが、その証拠は乏しい。むしろ、天智の定めた後継者である大友を倒して即位した天武が、かつて天智の寵愛を受けた大津を表立って支持することはなかったに違いない。

したがって、天武没後、大津があくまでも皇位を望むとすれば、自力で持統や草壁を倒さざるをえなかったのである。大津がそのために何らかの行動を画策していた可能性は否定できない。そのような大津の攻撃から持統が死守しようとしていたのは、彼女が亡夫天武とともに内乱まで起こして勝ち取った天皇の地位と、それから彼女が天武と採択した「持統→草壁→珂瑠」という皇位継承の実現だったと考えられよう。

実は、大津も天智の娘山辺皇女《やまのへのひめみこ》を娶《めと》り、さらに濃縮された特別な血統をもつ皇子の誕生を期待されていた。その意味で、草壁と大津に機会は均等にあたえられていたのである。だが、結局のところ大津・山辺夫妻に男子は生まれなかった。もしも大津・山辺夫妻の間に男子が生まれれば、彼は珂瑠と同様に皇統の起点たりえたであろう。万が一、草壁・阿閇夫妻ではなく大津・山辺の夫婦間に皇子が生まれていれば、おそらく草壁と大津の立場は逆転したのではないかと思われる。

即位—再び、吉野への道

大津の没落後、草壁は重臣や官僚を率いて天武の殯宮に繰り返し参拝を行った。それは、あくまでも彼こそが持統の後継者であることを内外に周知徹底させるためであったと考えられる。ところが、六八九年四月、草壁は死去してしまう。享年、二十八。

六九〇年正月に持統は正式に即位するが、六八六年七月に彼女が天武から天皇権力を継承して称制を開始して以来、正式な即位が三年半の長きにわたって延引《えんいん》されたのは一体どうしてであろうか。これについては持統が草壁即位の機会を窺っていたというのが定説であるが、それは疑問であろう。なぜならば、本当に草壁の即位が予定されていたのであれば、天武死去の直後に、いくらでもその機会はあったはずだからである。しかし、上記したように、天武の後継者として確定していたのはあくまでも持統であった。持統の正式な皇位継承が延期されたのは、やはり彼女の即位に向けて何らかの問題があったと考えるべきであろう。

この疑問を解く手掛かりになるのが、六八九（持統三）年正月、持統が吉野宮への行幸《ぎょうこう》を開始し、それがその在位中に三十一回におよんでいることである。いわゆる吉野行幸が持統の在位期間中に集中し、譲位後はわずかに一回しか吉野宮に行幸していないことから考えれば、吉野宮を訪れるということは、彼女の即位資格、いい換えれば、その天皇としての権威や正当性に関わる極めて政治的な行為だったことになるであろう。

吉野宮といえば、それは六七九（天武八）年五月の吉野盟約によって持統の天武後継の座が確定された場所である。持統が正式な即位儀礼の挙行を前に、その地を訪れるというのは確かにありえない話ではない。しかし、たんにそれだけの理由ならば、在位中にこれほど頻繁に吉野宮を訪れる必要はなかったと思われる。ということは、吉野行幸は持統自身のみならず、彼女が就任した天皇という地位自体に関わるものであったと考えねばならないであろう。

「大君は神にしませば」

すでに述べたように、天武によって創始された天皇の地位は「すめらみこと」と読まれ、「永遠の生命力を保持する御方」を意味した。天皇たる者は病や死とは無縁でなければならなかったのである。ところが、初代天皇である天武は病に冒され、そして死去した。「永遠の生命力」をもつはずの天皇の肉体が、皮肉なことに病により滅び去ったのである。これでは天皇は天皇たりえない。

そこで、考え出されたのが「大君《おおきみ》は神にしませば」という新思想であった。『万葉集《まんようしゅう》』に見える「大君は神にしませば」に始まる歌は、持統に奉仕した柿本人《かきのもとのひと》麻呂《まろ》の手で天武没後に作られ始める。これはおそらく、人麻呂の独創ではなく持統の命令によって作られたのであろう。そこでは天皇（具体的には持統）だけでなく特定の皇子（弓削、長、忍壁ら）が神として賛美されている。従来、大王・天皇は神（天神《あまつかみ》）の子孫（天孫《あめみま》）とされてきたが、「大君は神にしませせば」とは、天皇や特定の皇子が神そのものであると歌っているのである。それは大王・天皇が天孫であるという旧来の思想とは明らかに別物と見なすべきであろう。

このような新思想が、天武没後に歌を通じて語られ始めたのは、やはり初代天皇である天武の病と死を合理的に説明しようとしたからにほかならない。人麻呂が作った草壁の殯宮挽歌においても、天武自身を天照大神《あまてらすおおみかみ》によって天上の世界から遣わされた神そのものであると歌う一節が見られる。すなわち、天皇や特定の皇子の病や死は神の病であり死なのであって、「穢れ」に満ちた一般の病や死とはまったく次元が異なるというわけである。これによって、「すめらみこと」は依然として「すめらみこと」の資格と特性を保証されることになる。

斉明・天智への帰属意識

持統は人麻呂を使い「大君は神にしませせば」の新思想を宣伝することによって、彼女が就任した天皇という地位の権威や正当性の動揺を押し止どめようとしたと考えられる。さらに彼女は、天武が一度は絶縁を宣した天智の権威と正当性を持ち出してくることで、創始されて間もない天皇の地位とその権威の維持・増強をはかったのではないかと思われる。それが持統の在位中を通じて頻繁に行われた吉野行幸であろう。

吉野といえば壬申の乱、あるいは天武が連想されがちであるが、天武は壬申の乱前夜の半年間、それに即位してからは六七九年の一回（吉野盟約の時）しか吉野宮に行っていない。天皇としての天武と吉野宮との繋がりは極めて乏しいといわざるをえない。従来看過されているのは、吉野宮が持統の父方の祖母である斉明の手で、「倭京《やまとのみやこ》」建設の一環として造営された宮殿だったという事実である。

持統が吉野を頻繁に訪れれば、吉野宮を中心とした世界を開拓した斉明の存在が想起される。さらに、その斉明と持統を繋ぐ者として、ほかならぬ持統の実父であり、斉明の権威と正当性を受け継ぐことで初めて即位することができた天智の存在がクローズアップされることになる。要するに彼女は、吉野行幸を通じて天皇としての自己を「斉明―天智」の連なりに位置づけようとしたのである。

持統は「大君は神にしませば」という新思想の宣伝に加え、このように斉明と天智の権威や正当性を持ち出すことによって、天皇＝「すめらみこと」の地位と権威をより確かなものにしようとしたといえよう。それが一定の成果を見せた時初めて、彼女は正式に天皇の地位に就任することができたのである。

文武皇統意識の形成

文武天皇と「不改常典」

史上最初の皇太子

六九七（持統十一）年の二月、持統天皇は珂瑠皇子《かるのみこ》を皇太子に立てた。これこそが我が国初の皇太子であった。珂瑠が史上初めて皇太子という階梯《かいてい》をへて天皇に擁立されたことは、彼がそれまでの天皇とは異なることを印象づけるという効果が期待できたと思われる。その前後の事情は『懐風藻《かいふうそう》』葛野王《かどののみこ》伝につぎのように見える。葛野王は、あの大友王子と十市王女《とおちのひめみこ》（天武の娘）との間に生まれた王子である。

高市皇子《たけちのみこ》薨《みまか》りて後に、皇太后王公卿士を禁中に引きて、日嗣《ひつぎ》を立てむことを謀らす。時に群臣各私好を挟みて、衆議紛紜《ふんうん》なり。王子進みて奏して曰はく、「我が国家の法と為る、神代より以来、子孫相承けて、天位を襲《つ》げり。若《も》し兄弟相及ぼさば則ち乱此《ここ》より興らむ。仰ぎて天心を論《かた》らふに、誰か能《よ》く敢《あ》へて測らむ。然《しか》すがに人事を以《も》ちて推さば、聖嗣自然に定まれり。此の外に誰か敢へて間然せむや」といふ。弓削皇子《ゆげのみこ》座に在り、言ふこと有らまく欲《ほ》りす。王子叱《いさ》び、乃《すなわ》ち止《や》みぬ。皇太后其の一言の国を定めしことを嘉《よ》みしたまふ。

これによれば、高市皇子の死去（六九六〈持統十〉年七月）を契機に、持統の後継者を決める会議が開催されたという。高市はかつて草壁皇子《くさかべのみこ》・大津皇子《おおつのみこ》に次ぐ皇位継承資格者とされていたから、彼らが相次いで亡くなった時点で、いわば持統の後継者的な位置にあった人物である。しかし、高市が持統のつぎの天皇になる可能性はほとんどなかったと見られる。大友の遺児葛野王（この時、二十八歳）が「然すがに人事を以ちて推さば、聖嗣自然に定まれり」といったとあるように、次期天皇はすでに珂瑠に確定していたからである。

皇嗣選定会議が高市の死去を契機に開かれたのは、彼がかつて皇位継承資格をもっていたからであろう。彼が亡くなったことによって、六七九（天武八）年五月の吉野盟約において有力な皇位継承資格者とされた皇子たちのうち、上位四名がすべて鬼籍に入ったことになる。すなわち、第二位の大津が六八六年、次いで第一位の草壁が六八九年に死去したことは前に述べたとおりであるが、第四位河島皇子《かわしまのみこ》も六九一（持統五）年に亡くなっていた。そして今回、第三位の高市が死去したのを機に、吉野盟約で確定された皇位継承順位を白紙の状態に戻すことが可能となり、ここに持統がかねてより次期天皇にと考えていた珂瑠の即位を実現できる道が開かれたわけである。

持統の天皇位の由来

立太子からわずか半年後の六九七年八月、珂瑠皇太子は持統から譲りを受けて即位した。文武天皇の誕生である。この時、新天皇はわずか十五歳であった。初の皇太子をへての即位に加えて、十代の若さでの即位という点で、前後にまったく例のない、一つの画期を成す天皇の登場ということができよう。

『続日本紀《しょくにほんぎ》』文武元（六九七）年八月甲子朔条には、文武が即位にあたり発したつぎのような宣命《せんみょう》が見える。

……高天原《たかまのはら》に事始めて、遠天皇祖《とおすめらき》の御世、中・今に至るまでに、天皇《すめら》が御子《みこ》のあれ坐《ま》さむいや継々《つぎつぎ》に、大八嶋国《おおやしまぐに》知らさむ次《つぎて》と、天つ神の御子ながらも、天に坐《ま》す神の依《よさ》し奉《まつ》りし随《まにま》に、この天津日嗣高御座《あまつひつぎたかみくら》の業《わざ》と、現御神《あきつみかみ》と大八嶋国知らしめす倭根子天皇《やまとねこすめら》命《みこと》の、授け賜ひ負せ賜ふ貴き高き広き厚き大命を受け賜り恐《かしこ》み坐《ま》して、この食国《おすくに》天《あめの》下《した》を調へ賜ひ平げ賜ひ、天下の公民《おおみたから》を恵《うつくし》び賜ひ撫で賜はむとなも、神ながら思《おも》しめさくと詔《の》りたまふ天皇が大命を、諸《もろもろ》聞きたまへと詔る。……

これによれば、文武は、「天つ神の御子」であり「現御神と大八嶋国知らしめす倭根子天皇命」すなわち人の姿をした神として日本列島を統治する天皇である持統から皇位をあたえられたことを強調している。そして、持統はその皇位を「天に坐す神」から得たと述べているのである。彼女は前天皇である天武から皇位を譲り受けたのではなく、「天に坐す神」から皇位を直接授けられたとされている。

このように、文武の手にした皇位は少なくとも天武に由来するものではないと認識されていたことになる。これは、持統が天武没後に天皇の宗教的な権威の回復をはかった時に、天武と一線を画そうとしたことが関係していると見られる。文武即位の段階において、彼の天皇としての権威や正当性を保証するのが、「天に坐す神」から皇位を授けられたという持統一人とされていたことを確認しておこう。

「不改常典」の登場

ところが、その後七〇七（慶雲《けいうん》四）年になると、文武の権威や正当性を保証する存在として突如天智が登場するのである。この年の六月、文武は二十五歳の若さで世を去り、彼の要請によりその母阿閇皇女《あへのひめみこ》が即位することになった（元明天皇）。彼女は天智の娘であり、持統の異母妹であった。『続日本紀』慶雲四年七月壬子条には、この元明の即位宣命《せんみよう》が見える。それはつぎのとおりである。

……関《かけま》くも威《かしこ》き藤原宮に御 宇《あめのしたしらしめ》しし倭根子天皇、丁 酉《ひのとのとり》の八月に、此の食国天下の業《わざ》を、日並所知《ひなみしの》皇太子の嫡子、今御宇しつる天皇に授け賜ひて、並び坐《いま》して此の天下を治め賜ひ諧《ととの》へ賜ひき。是《こ》は関くも威き近江大津宮に御宇しし大倭根子天皇の、天地《あめつち》と共に長く日月《ひつき》と共に遠く改《かわ》るましじき常《つね》の典《のり》と立て賜ひ敷き賜へる法《のり》を、受け賜り坐して行ひ賜ふ事と衆《もろもろ》受け賜りて、恐《かしこ》み仕へ奉《まつ》りつらくと詔《の》りたまふ命を衆聞きたまへと宣《の》る。

これによるならば、六九七年八月に持統が文武に譲位したのは、天智が定めたという法(いわゆる「不改常典《ふかいじようてん》」)にもとづく行為であったというのである。いい換えれば、文武の天皇としての権威や正当性は天智自身、というよりも彼が定めた「不改常典」という法によって保証されると認識されていたことになる。ただ、これがあくまでも七〇七年段階の認識であることに注意しなければならない。すでに早く、六九七年の文武即位の時点でそのような認識があったかどうかは極めて疑わしい。

さらにその続きを見ると、つぎのとおり。

如是《かく》仕へ奉り侍るに、去年の十一月に、威きかも、我が王、朕が子天皇の詔りたまひつらく、「朕《われ》御《み》身《み》労《つか》らしく坐すが故に、暇《いとま》間得て御病《みやまい》治めたまはむとす。此の天つ日嗣の位は、大命に坐《ま》せ大坐《おおま》し坐して治め賜ふべし」と譲り賜ふ大命を受け賜り坐して答へ曰しつらく、「朕《わ》は堪《あ》へじ」と辞《いな》び白《もう》して受け坐さず在る間に、遍多《たびまね》く日重ねて譲り賜へば、労《いたわ》しみ威み、今年の六月十五日に、「詔命《おおみこと》は受け賜ふ」と白しながら、此の重位《いかしくらい》に継ぎ坐す事をなも天地《あめつち》の心を労しみ重《いか》しみ畏《かしこ》み坐さくと詔りたまふ命を衆聞きたまへと宣る。

天智が定めたという「不改常典」は、元明の即位宣命に見えるからといって、彼女自身の即位を正当化するものではなかった。それはあくまでも元明に即位を要請した文武自身の権威や正当性を保証する法的な根拠として認識されていたことに留意すべきである。これによる限り、文武の即位はひとえに天智の定めた法にもとづくものだったことになる。ただ、文武が生まれたのは天智が死去して十二年後のことであったから、天智が顔も見ていない文武の即位など直接指示できるはずもない。

本当に天智が制定したか

天智は本当に文武、あるいは彼のような皇子の即位を命じたことがあったのであろうか。『日本書紀』を見ても、天智が王位継承に関する何らかの法や制度を定めたという記述はない。だから、「不改常典」とは所詮捏造《ねつぞう》された実体のないものであって、天智の制定に仮託されているにすぎないという見方はいまだに根強いものがある。

しかし、前に述べたように、天智は生前において王位継承の改造を目指し、弟天武と自分の娘との結婚（叔父―姪婚）を推し進めていた。それが「不改常典」の名で呼ばれている可能性は十分に認められよう。ただ天智は、このような近親婚によって生まれる、彼と同じ血統的条件の王子（草壁・大津・長・弓削・舎人ら）による王位継承を考えていたにすぎなかった。天智は彼らよりもさらに特殊な血統をもつ文武のような皇子の誕生やその即位まで構想してはいなかったはずである。文武の誕生とその即位を推進したのは天武と持統、とくに後者であったと見られる。

したがって、六九七年の文武即位後に、文武の天皇としての権威や正当性をさらに強化しようとした持統が、文武の血統的な権威の起源をかつて天智が推進した近親婚にもとめることにした可能性は極めて高い。その意味で、文武の権威や正当性を保証する法の制定者が天智であるというのはあくまで仮託であり虚構にすぎないことになろう。

それにしても、六九七年の文武即位の段階では天智や「不改常典」はまったく登場しなかったのに、どうして七〇七年になって天智の制定に成るという「不改常典」があらわれるに至ったのであろうか。それについては、六九七年から七〇七年までのおよそ十年の間に天智の歴史的な評価に大きな転換のあったことが考えられるであろう。

創出された天智の権威

斉明・天智陵の「営造」

天智に関する評価の転換という点で注目されるのは、つぎの『続日本紀』文武三（六九九）年十月甲午条である。

> 詔したまはく、「天下《あめのした》の罪有る者を赦《ゆる》す。但し十悪《じゅうあく》・強窃《ごうせつ》の二盗は、赦《しゃ》の限に在らず」とのたまふ。越智《おち》・山科《やましな》の二の山陵《みささぎ》を営造せむと欲《す》るが為なり。

「越智山陵」とは斉明陵、「山科山陵」とは天智陵を指す。文武が即位して二年目の十月に斉明陵・天智陵が「営造」されたというのである。これが文武を後見・輔佐する立場にあった持統の指示によるものであることは想像に難くない。藤堂かほる氏によれば、「営造」とは「新築・新造」の意味であり、これに先立つ「赦」が、陵墓の改修程度であれば行われないことからいっても、斉明陵・天智陵がこの時に「新造」されたことは間違いないという（「天智陵の営造と律令国家の先帝意識」『日本歴史』第六〇二号、一九九八年）。

斉明は六六一年七月、天智は六七一年十二月に死去しており、斉明の場合、六六七年二月にすでに埋葬も行われていることが明らかである。それにも拘わらず、六九九年に至り、この二大王陵が同時に新造されたのは一体どうしてであろうか。さらに上記の記事に続き、『続日本紀』同年十月辛丑条にはつぎのように見える。

　浄広肆衣縫王《きぬぬいのおおきみ》、直大壱当麻《たぎまの》真人《まひと》国見《くにみ》、直広参土師《はじの》宿禰《すくね》根麻呂《ねまろ》、直大肆田中《たなかの》朝臣《あそみ》法麻呂《のりまろ》、判官《はんがん》四人、主典《さかん》二人、大工《おおたくみ》二人を越智山陵に、浄広肆大石王《おおいしのおおきみ》、直大弐粟田《あわたの》朝臣《あそみ》真人《まひと》、直広参土師宿禰馬手《うまて》、直広肆小治田《おはりだの》朝臣《あそみ》当麻《たぎま》、判官四人、主典二人、大工二人を山科山陵に遣して、並に功を分ちて修め造らしむ。

これによれば、斉明陵と天智陵の「営造」のために派遣された使節団は大規模な官司構成を取っており、それは天皇死去の際に組織される「造山陵司」に匹敵するものであった（藤堂、前掲論文）。この点から見ても、斉明陵・天智陵が「新造」されたことは間違いない。

六九九年になって持統が斉明陵と天智陵を「新造」させたのは、文武の天皇としての権威や正当性が自身を介して斉明・天智に由来することを可視的に示そうとしたのではないかと考えられる。先に見たように、六九七年の文武即位時には、その天皇としての権威や正当性を保証するのは「天に坐す神」の委任を受けた持統一人にすぎなかった。おそらく彼女とすれば、それだけでは弱いと考えたに違いない。かつて持統は、天武没後に天皇権威の回復をはかった時、吉野行幸を繰り返すことによって自身が「斉明—天智」に連なることを強調したことがあった。今回はそれを踏襲し、彼女のみならず斉明・天智も文武の権威や正当性を保証する存在であることをアピールしようとして、斉明・天智という二大王陵をまったく新たに造作することになったのであろう。

斉明陵と天智陵のセットによる「新造」からは、「斉明—天智—持統—文武」という継承意識（そこでは天武が外されてしまう）を読み取ることが可能であろう。そうだとすれば、つぎに問題となるのは、六九九年段階では文武の権威や正当性を保証するのが持統に加えて斉明・天智であるとされていたのに、七〇七年になって天智制定の「不改常典」という法こそが文武の権威や正当性の源であるといわれるようになったのは一体どうしてかということである。

この問題を考える上で、藤堂かほる氏の前掲論文「天智陵の営造と律令国家の先帝意識」が参考になる。藤堂氏によれば、斉明陵と天智陵の「営造」は天智陵の「新造」に主眼があったという。

天智陵の特殊な位置

すなわち、六七一年末に死去した天智の墓は、近江大津宮に近い山科の地で造営されようとしたが、翌年に起きた壬申の乱によって造作工事は中断、天智陵は未完成のままに放置されていた。だが、文武の時代、大宝律令の完成が間近になり、律令国家による歴代天皇の祭祀（先帝祭祀）の制度が整えられるのに伴い、天智陵は山科の地において、まったく新たに造営されることになった。この新しい天智陵の造営場所としては、持統の時代に完成した藤原宮の大極殿《だいごくでん》が基軸とされたのである。天智陵が「新造」されたのは藤原宮大極殿の中軸線をはるか北に延長した位置（東経一三五度四八分三七秒）であった。

藤原宮造営はすでに早く天武の時代から開始されていたが、六八六年九月に亡くなった天武の陵（檜隈大内陵《ひのくまのおおうちのみささぎ》）は、藤原宮大極殿の中軸線を南に延長した線上に設けられた。七〇二年十二月に死去した持統は、翌年十二月この天武陵に合葬されることになる。そして、七〇七年に没した文武も天武・持統合葬陵の南、やはり藤原宮大極殿の中軸線上に位置する中尾山古墳に埋葬された可能性が大きいのである。

天智は律令国家の初代天皇

藤堂氏によれば、六九九（文武三）年に「新造」された天智陵が藤原宮大極殿の中軸線上の真北に配置されたのは、天智を藤原宮の「天極」（北極星のこと。天皇号の由来である天皇大帝はその神格化とされた）に位置づけようとする意図があったからであるという。これにより天智は歴代天皇のなかでも画期をなす極めて特別な存在とされ、「天命」を受けた初代皇帝、律令国家の初代天皇と位置づけられるようになったという。以上のように考えるならば、奈良時代を「天武系」の全盛時代とする通説は、根本的に見直す必要があると藤堂氏は提唱しているのである。

この藤堂説を参考にするならば、六九九年の斉明陵・天智陵の「新造」過程で、とくに天智陵が特別な場所を選んで造営されたことによって、天智に関してまったく新たな評価、新しい権威が生み出されたことになる。それは持統が主導したものであったと見られるが、七〇二年に持統は死去する。その後、七〇七年の元明即位の時に文武の権威や正当性を保証する法として天智制定の「不改常典」が登場することになるのは、持統の異母妹元明が、持統によって創始された天智の新たな評価や権威を踏襲した結果と考えることができよう。

だが、ここで注意しなければならないのは、藤堂氏は天智がいわゆる皇統の起点（始祖）と認識されていたとは明言していないことである。藤堂氏自身は、奈良時代を「天武系」天皇の時代とする通説に対して、この時代の天皇が「天智系」であったと主張しているわけではないと思われる。

天智は皇統の始祖にあらず

だが、近年は、七〇一（大宝元）年の大宝律令施行の前後から天智を皇統の始祖とする意識が顕著になってきたとする見方が強まっている。

たとえば、井上亘氏は奈良時代の皇統を「天武系」とする通説を鋭く批判して、持統以降の王権を「持統系、より本源的には天智系とみるのが妥当」と理解している（『日本古代の天皇と祭儀』吉川弘文館、一九九八年）。水林彪《たけし》氏もこの井上説を基本的に認めた上で、藤堂説にも依拠しながら、七世紀末から八世紀初頭にかけての時期に、「天武―草壁―文武」という「天武系」皇統観念と、「天智―持統―草壁―文武」という「天智系」皇統観念との相克《そうこく》があったと述べている。水林説によれば、「天武系」意識と「天智系」意識はやがて「天智系」皇統観念に一元化されていったという（「律令天皇制の皇統意識と神話（上）（下）」『思想』第九六六号・第九六七号）。

しかし、水林氏が依拠する藤堂説が、天智を皇統の起点とは見なしていなかったことに留意する必要があろう。藤堂説によれば、天智はあくまでも律令国家の初代天皇、律令国家の起点となる天皇として認識されていたのである。この点に関して、天智の顕彰と皇統意識とは区別して考えるべきであるとする森田悌氏の指摘は首肯できる（「二つの皇統意識」『続日本紀研究』第三五四号、二〇〇五年）。

法・制度の創始者としての天智

前に述べたように、実際の初代天皇は天武のはずであるが、藤堂氏の述べるとおり、当時の歴史認識では天智が律令国家の初代天皇と認識されていた。また、天智がかならずといってよいほど、法や制度の制定者・創始者として称揚されていることも見逃せないところである。

たとえば、『続日本紀』養老三年十月辛丑条によれば、「開闢《くにひら》けしより以来、法令尚《ひさ》し。……中古に洎《およ》びて、由《したが》ひ行ふと雖《いえど》も、いまだ綱目を彰《あらわ》さず。降りて近江の世に至りて、弛張悉《ことごと》く備る」と見える。このように天智の治世は、律令制定の歴史に一定の位置を画した時代と見なされていた。同様の認識は九世紀前半の『弘仁格式《こうにんきやくしき》』序にも見えて、そこには「降りて天智天皇元年に至り、令廿二巻を制す。世人謂《い》ふ所の近江朝庭の令なり」とある。天智が「近江令」なる法典を制定したという認識である。同じく九世紀前半に成った『令義解《りようのぎげ》』戸令戸籍条では、「近江大津宮庚午年籍《こうごねんじやく》」に注して「雄朝津間稚子宿禰《おあさづまわくごのすくね》尊《みこと》の御世、諸氏姓を争ひ、紛乱して定らず。即ち盛に湯を煮、手を以て探り攪《と》らしむ。詐る者は爛《ただ》れ、真誠なる者は全し。是に於て姓を定め籍を造る。是れ庚午年籍と為すなり」

と見える。天智が六七〇年に施行した庚午年籍が、氏姓の基本を定めた画期的な成果であり、天智は戸籍制度や氏姓制度の根幹を定めた天皇として認識されている。

このように天智は、律令に代表される法や制度の制定者・創始者として顕彰されているのであって、皇統の起点（始祖）として権威化されているのではない。それもそのはずであって、彼には文武ほどの傑出した血統カリスマが認められない。

すでに述べたように、天智はあくまで叔父―姪婚の所産であり、その血統的条件は草壁・大津・長・弓削・舎人といった皇子たちと同一線上に並ぶ。文武の血統的権威は、草壁・阿閇の結婚というさらなる近親婚によって生み出されたものであったから、天智らのそれを凌駕している。やはり、森田氏のいうとおり、天智顕彰と皇統意識とは区別して理解すべきなのである。

以上見てきたように、文武は六九九（文武三）年以後、律令国家のパイオニアというべき天智が制定したという「不改常典」によって、その天皇としての権威や正当性が保証されることになった。その後、文武の息子（聖武天皇）や孫（孝謙天皇）も、「不改常典」がその天皇としての権威や正当性を保証するものと認識された。彼らはいわば文武の権威や正当性を受け継ぐ天皇であり、その意味で文武を始祖とする皇統に連なる天皇と見なされていたことになるであろう。

「不改常典」は文武が皇統の始祖であることの法的根源なのであり、その皇統の存続を正当化する法とも見なされていたと考えることができる。

「倭根子」から「天之真宗」へ

「倭根子豊祖父」とは何か

文武没後、皇統の始祖としての文武の位置をより確かなものとすることが企てられた。それが文武の諡号《しごう》とその改定であった。

七〇七年十一月十二日、文武は「倭《やまと》根《ね》子《こ》豊祖父《とよおおじ》」天皇の諡号をたてまつられ、その亡骸《なきがら》は飛鳥の岡で火葬された。これは天皇家では持統に次ぐ二例目の火葬であった。同月二十日、その遺骨は檜隈《ひのくま》安古《あこ》山陵（中尾山古墳と見られる）に納められたのである。

「倭根子豊祖父」とは何であろうか。「倭根子」は「倭《ヤマト》の大地を支配する者」を意味する。広義のヤマトであれば日本列島全体を指すので、「倭根子」とは日本列島の統治者、すなわち天皇の地位をあらわす尊称ということになる。

つぎに「豊祖父」の「豊」は美称だが、「祖父」は父親を意味すると考えられる（「祖母」ならば母親のこと）。先祖一般を意味する「祖」に実父を意味する「父」字を添えたものである。「祖父」「祖母」のいずれも本来は「ミオヤ」と読んだはずである。この時代の「祖父」「祖母」は、今日の祖父・祖母と同義ではなかった。

文武の諡号は元明が前天皇たる文武にたてまつったものであるから、「豊祖父」とは、彼女から見て文武が父親であるといっているに等しい。だが、実際には文武は元明の息子であって、母親が息子を「我が父上」と呼ぶという逆転が生じていることになる。

この逆転がなぜ必要であったかといえば、一つには文武から元明への皇位継承が「子から母へ」という世代逆転の異例の継承であったので、その異常性を粉飾・糊塗《こと》するためであったと見られる。そして、今ひとつの理由としては、文武を皇統の始祖たりうる天皇として、より権威ある存在に高めるためにも、元明は「皇統の始祖たる父天皇の命を受けて皇位を受け継いだ娘」という虚構を成り立たせる必要のあったことが考えられよう。

ちなみに、文武に皇位を授けた持統の諡号は当初「大倭根子天之広野日女《あめのひろのひめ》尊《のみこと》」といった（『続日本紀』大宝《たいほう》三〈七〇三〉年十二月癸酉条）。持統の「大倭根子」と文武の「倭根子」が対応していることは明らかである。諡号の上で持統と文武の間には関係性・一対性が認められる。これは、文武が持統から譲りを受けて即位したことに加え、その後、数年にわたり持統の後見と輔佐を受けた事実を反映していると見られよう。

持統の諡号との対応性

「天之広野日女尊」の意味であるが、「天」は天上にある神々の世界、高天原《たかまがはら》を指すと考えられる。天皇とその一族は、高天原で最も貴い神である「天神《あまつかみ》」（アマテラスオオミカミ）の血脈を相承するとされていた。「広野」はおそらく、彼女の実名の一部「鸕野《うの》」をふまえた美称であろう。「日女」は「ヒメ（姫）」であり、「ヒ」と呼ばれる特殊な霊力をもった「メ（女）」の意味（転じて高貴な身分の女性）である。

「天之広野」は高天原を連想させる。とすれば、「天之広野日女」とはアマテラスを暗示する名にほかならない。要するに、持統の諡号「大倭根子天之広野日女尊」とは、「偉大な天皇にして神統譜においてはアマテラスに相当する御方」という意味になるであろう。

持統・文武の諡号改定の意味

『続日本紀』巻第一～第三は「文武天皇紀」であるが、それらの表題を見ると、文武は「倭根子豊祖父」天皇ではなく「天之真宗豊祖父《あまのまむね》」天皇という諡号で表記されている。七〇七（慶雲四）年以降のある時点で「倭根子豊祖父」から「天之真宗豊祖父」へと諡号が改定されたことになる。それは大体いつ頃のことであろうか。

実は、文武の諡号と関係性・一対性をもつ持統の諡号もその後改定されている。『続日本紀』によれば、持統の当初の諡号は「大倭根子天之広野日女尊」であったが、七二〇（養老四）年に完成した『日本書紀』では、その諡号は「高天原広野姫」とされている。七〇三年以後、七二〇年までの間に持統の諡号が改定されたことは明らかで、文武の諡号が改定されたのもほぼ同時期のことと考えられよう。

持統の新しい諡号「高天原広野姫」は、「大倭根子」が取り外され、「天」が「高天原」に変換され、誰が見てもアマテラスを意味することが明らかなものになっている。諡号改定のねらいは、旧諡号の意味するところをより端的に表現することにあったといえよう。

文武の新諡号は、持統の諡号「大倭根子」と対応する「倭根子」がやはり外され、代わって「天之真宗」が冠せられ、「豊祖父」はそのままである。持統の場合と同様に、全体としてその意味するところをより適確に表現するための改定だったと考えることができる。先に述べたように、「豊祖父」が元明との関係性を示すために必要な記号だったのに対し、「天之真宗」の意味するところは持統との関係性であったと思われる。持統との関係性とは、持統をアマテラスとするならば、文武は神統譜のなかの誰にあたるのかということである。

ホノニニギとしての文武

それには「天之真宗」の意味を明らかにすればよい。「宗《そう》」とは宗廟（祖先の廟）、すなわち「みたまや」が原義であって、一族の中核にあって先祖の霊を祭る者も意味した。「真宗」とは「正嫡、長子」「正当なる継承者」ということになり、「文武が天武天皇を祖父、持統を祖母、皇太子草壁を父とする、皇統の嫡系であることをうたったもの」（新日本古典文学大系『続日本紀』一の補注）という解釈が導き出されてくるのは自然といえよう。

だが、あくまで「高天原広野姫」に対する「天之真宗」なのである。「天之真宗」とは、たんに文武の実際の祖父母が誰々で父親が誰かということを示しているのではない。持統をアマテラスに見立てたことを前提に、文武がアマテラスとの関係においていかなる神に相当するのかが示されているのである。

図3　神統譜との対応関係

持統がアマテラスに相当するならば、当初アマテラスの命令を受けて高天原から葦原《あしはら》中国《なかつくに》と呼ばれる地上世界に降臨するはずであった息子のアメノオシホミミは、さしずめ草壁皇子といえよう。アメノオシホミミの妻タクハタチヂヒメは元明、タクハタチヂヒメの父でアマテラスに匹敵する貴い神とされるタカミムスヒは天智に相当することになる。とすれば、アメノオシホミミとタクハタチヂヒメとの間に生まれ、実際に地上に降臨し、天皇家の事実上の始祖となったホノニニギこそ文武にほかならない。

　アマテラスを持統ではなく元明に擬する見方もあるが、それはタカミムスヒをどうしても藤原不比等《ふじわらのふひと》に擬したいという要請の結果であって（これによれば、アメノオシホミミ＝文武、タクハタチヂヒメ＝藤原宮子、ホノニニギ＝聖武ということになる）、神統譜上のアマテラスにあたるとされているのはやはり持統と見るべきであろう。タカミムスヒはアマテラスとともにホノニニギに指令を発する神とされているから、臣下にすぎない不比等がその神に擬されるとは考えがたいことである。

文武が「大行天皇」とされた理由

もちろん、七世紀末から八世紀初頭の宮廷政治における人間関係がモデルとされて、神統譜や神々の物語が形成されたとは考えられない。すでにある神統譜や神々の物語をもとに、持統をアマテラスに擬することによって、その「真宗」としての文武を天皇家の始祖たるホノニニギに擬定しようとしたのである。

持統の諡号は、もともと彼女が神統譜上のアマテラスにあたることを示しており、それをより鮮明にするために諡号の改定が行われた。そして、それと連動して文武の諡号が変更されたのは、持統との関係において、文武が神統譜上のホノニニギに相当することを明確にするためであったと考えられる。

おそらく、文武の死去直後に献上された諡号は、彼が皇統の始祖であることをあらわすのに十分なものとは見なされなかったのであろう。そのように考えるならば、文武が「大《たい》行《こう》天皇」の名で呼ばれていることが了解できるのではないだろうか。「大行天皇」とは、死去した天皇がいまだ諡号を献上されていない段階の尊称、あるいはたんに死去した前天皇を指す称号である。

この前後、文武だけが「大行天皇」と呼ばれ、しかも「倭根子豊祖父」の諡号を献上された後もそのように呼称されているのは、彼が歴代の天皇のなかで特別な存在と認識されていたことを物語ると同時に、当初の「倭根子豊祖父」という諡号がいわば仮のものであって、近い将来における改定が予定されていたことを示しているのではあるまいか。

皇統の護持者たち

不比等に下賜された経済的特権

文武が死去する二ヵ月ほど前、七〇七（慶雲四）年四月のことである。『続日本紀』慶雲四年四月壬午条につぎのように見える。

天皇《すめら》が詔《おおみこと》旨らまと勅《の》りたまはく、汝《みまし》藤原朝臣《あそみ》の仕へ奉る状《さま》は今のみに在らず。掛けまくも畏《かしこ》き天皇が御世《みよ》御世仕へ奉りて、今もまた、朕《わ》が卿《まえつきみ》と為《し》て、明《あか》き浄き心を以て、朕《われ》を助け奉り仕へ奉る事の、重《いか》しき労《いたわ》しき事を念《おも》ほし坐《ま》す御意《みこころ》坐すに依りて、たりまひてややみ賜へば、忌み忍ぶる事に似る事をしなも、常労しみ重しみ念ほし坐さくと宣《の》りたまふ。また、難波大宮《なにわのおおみや》に御宇《あめのしたしらしめ》しし掛けまくも畏き天皇《すめら》命《みこと》の、汝の父藤原大臣《おおおみ》の仕へ奉りける状をば、建内宿禰命《たけうちのすくねのみこと》の仕へ奉りける事と同じ事ぞと勅《の》りたまひて、治め賜ひ慈《うつくし》び賜ひけり。是《ここ》を以て令の文に載せたるを跡として、令の随《まにま》に長く遠く、今を始めて次々に賜はり往かむ物ぞと、食封《じきふ》五千戸賜はくと勅りたまふ命《おおみこと》を聞きたまへと宣る。

これによれば、文武は鎌足・不比等の父子二代にわたる功労と奉仕に報いるため、不比等に「食封五千戸」を授けたいと述べたという。結局不比等は、五千戸のうち二千戸のみを受け取った。これにより毎年二千戸（四十里に相当）から徴収される調庸の全部と田租の半ばが不比等の収益とされることになった。減額されても莫大な経済的特権である。

文武が死を目前にしたこの時期、不比等に当初「食封五千戸」という莫大な経済的特権をあたえようとしたのはなぜであろうか。鎌足・不比等父子の功労に報いるというのはあくまでも口実にすぎず、むしろ将来に向けて不比等にこの特権に見合うだけの特別な使命を託そうとしたからにほかならないであろう。その使命とは一体何であろうか。

「藤原朝臣」独占の意味

実は、文武による不比等や藤原氏への特別待遇はこれが最初ではなかった。『続日本紀』文武二（六九八）年八月丙午条には、

詔して曰はく、「藤原朝臣賜はりし姓は、その子不比等をして承《う》けしむべし。但し意美麻呂《おみまろ》らは、神事に供《つかえまつ》れるに縁《よ》りて、旧の姓に復すべし」とのたまふ。

とある。これによると、かつて六六九年十月に天智が不比等の父中臣鎌足に直々に賜わったという「藤原朝臣」姓（実際に鎌足に賜わったのは藤原のウジナのみ）を、今後は不比等の家系のみに限定するというのである。「藤原朝臣」姓は、大王家（天皇家）の鎌足に対する絶大な信頼を象徴する標識といってよい。文武はなぜ不比等の家系をこれほどまでに

図4　文武皇統継承系図

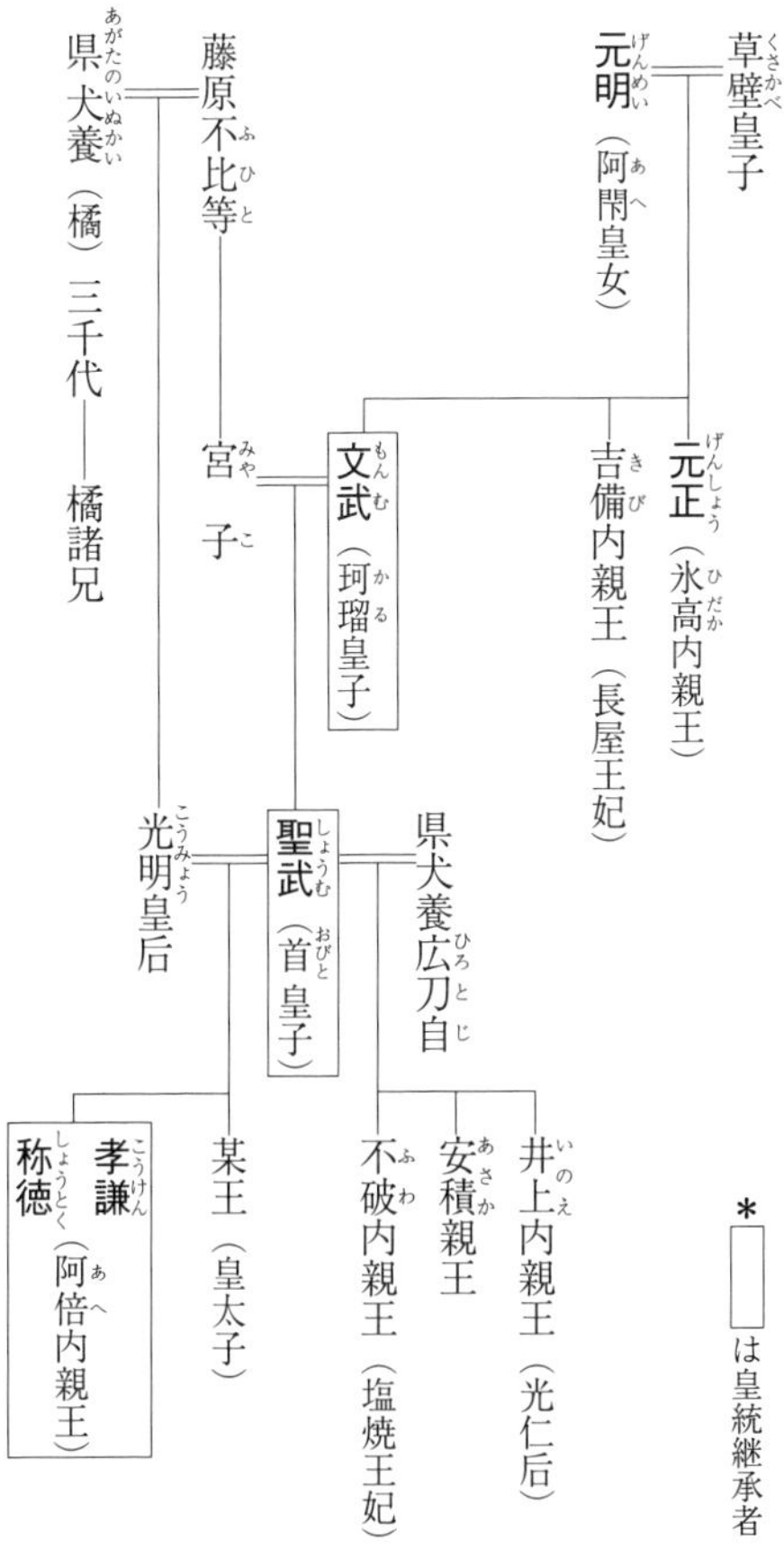

優遇するのであろうか。

それは文武に皇族出身の后妃がいないことと関係があると思われる。すなわち、文武即位と同時に不比等の長女宮子《みやこ》が夫人《ぶにん》として入内、同時に紀《き》氏の竈門娘《かまどのいらつめ》と石川氏（かつての蘇我氏）の刀子娘《とねのいらつめ》も嬪《ひん》として入内した。だが、文武に皇族出身の后妃がいたという記録はない。これは決して偶然の結果ではないであろう。文武自身が近親婚の繰り返しによって生まれたことを思えば、彼の正式な配偶者、すなわちその後継者を生む女性は皇族以外のしかるべき一族から選ぼうという配慮があったものと考えられる。

六九八年の時点でこのように不比等の家系に特別な処遇があたえられたのは、文武の三人の妻たちのうち、不比等の娘宮子に文武の後継者を生むという使命と期待がかけられたことを意味するといえよう。すでにこの時、文武に始まる皇統に藤原氏の血を取り入れようという方針が採択されていたのである。それを決定したのは、この時期、創出されたばかりの天智の権威などを利用して皇統の始祖としての文武の位置を強化しようとしていた持統以外には考えがたい。おそらく持統は、鎌足・不比等の二代にわたる王権と国家への貢献と奉仕、彼らの資質などを最大限に評価して、文武を始祖とする皇統にその優れた血統を取り込もうと企てたのであろう。後年、藤原氏が「積善《せきぜん》の家」と称されることになるのは、このような王権側の評価があってのことと思われる。

果たして七〇一年、宮子は入内から四年目に待望の男子を出産する。首皇子《おびとのみこ》、後の聖武天皇である。宮子は見事に期待に応えたわけだが、彼女がその後、「幽憂に沈み久しく人事を廃《や》むるが為に、天皇を誕《あ》れましてより曾《かつ》て相見《あいまみ》えず」（『続日本紀』天平九年〈七三七〉十二月丙寅条）という病状に陥ってしまったのは、皇統を受け継ぐ皇子を生まねばならないという過度のストレスを受けた後遺症だったのかもしれない。

不比等に課せられた特命

このように不比等は、すでに早く六九八（文武二）年の時点で文武皇統を受け継ぐ皇子の外祖父になることが予定されていたわけである。彼の家系にのみ許された「藤原朝臣」姓は、まさにこのような王権との特殊な関係性を象徴するものであった。とすれば、文武が死を目前にして不比等に莫大な経済的特権をあたえて託そうとした使命とは、文武の皇統を受け継ぐ聖武（当時七歳）の後見と擁護、具体的には聖武による皇位継承の実現に尽くすことを措いて他には考えがたいであろう。

不比等とその一族は、文武皇統を受け継ぐ皇子を生む女性を固定的に差し出すというだけでなく、さらに文武から皇統の護持《ごじ》という特命を授けられたことになる。そのことが、不比等とその一族を貴族層のなかでもさらに特別な存在に高めたことはいうまでもない。このように藤原氏の特殊な地位や権威が王権の側から、この場合は皇統の始祖たる文武によって付与されたものであったことは、いくら強調しても強調のしすぎにはならないと思われる。また、一般にいわれるように、聖武の即位は藤原氏が一族の繁栄のためにそれを強く望んだのではなく、むしろそれは皇統の始祖文武の遺命であるがゆえに、不比等とその一族が全力をあげて実現せねばならない究極の課題とされたと考えるべきである。

実は、不比等に食封賜与が宣せられ、皇統護持の特命が課せられた二日前のこと、『続日本紀』慶雲四（七〇七）年四月庚辰条にはつぎのように見える。

草壁皇子への準天皇待遇

日並知皇子命《ひなみしのみこのみこと》の薨《こう》せし日を以て、始めて国忌《こき》に入る。

「日並知皇子命」とは文武の父草壁皇子を指す。「国忌」とは天皇あるいはそれに準ずる人物の命日のことで、その日は「廃務」（天皇が政務を決裁せず、官吏は事務を行わない）とされた。草壁は生前より「皇子命」と呼ばれ、たんなる皇子よりも一段格上の存在であったが、この日、その命日が天皇に準ずる扱いを受けるようになったのである。後述するように、草壁はこれより半世紀後、「岡宮御宇天皇《おかのみやにあめのしたしらしめししすめらみこと》」の尊号をたてまつられ、正式に天皇とされることになるが、彼の命日が「国忌」とされたことはその前提として重視しなければならない。

それにしても、文武が死を前にして亡父の命日を天皇に準ずる扱いにしたのは一体どうしてであろうか。それは、不比等に特別な使命をあたえ、その見返りに莫大な経済的特権をあたえたことと決して無関係ではないと思われる。

すなわち文武は、皇統を受け継ぐ予定の聖武から見て母方の祖父である不比等には重大な使命とその遂行に不可欠の経済的特権とをあたえる予定であったが、それを前にすでに故人である父方の祖父草壁には天皇に準ずる処遇をあたえることによって、聖武の父母双方の祖父にそれぞれ等分に威厳を加えようとしたのではないだろうか。このように、文武自身が聖武の父母両方の祖父にそれぞれ特別な処遇を加えていることから見ても、聖武が文武の意思・命令により皇統の継承者に選ばれたことは明らかといえよう。

文武の遺詔の重み

皇統の継承者に確定された聖武の即位に向けて、彼を後見・擁護せよという使命を文武から課せられたのはひとり不比等だけではなかった。『続日本紀』元明即位前紀には、

（六月）庚寅、天皇、東楼《とうろう》に御《おわ》しまして、詔して八省の卿《かみ》と五衛《ごえ》の督率《かみ》らとを召して、

告《の》るに遺詔《いしょう》に依りて万機を摂《と》る状を以てしたまふ。

とあって、文武の母である元明は、明らかに文武の遺詔を奉じて即位を宣言している。この文武の遺詔とはどのような内容だったのであろうか。

一つには、『続日本紀』慶雲四年七月壬子条（前掲）に見えるように、死期を悟った文武が元明に対して、「此の天つ日嗣の位は、大命に坐《ま》せ大坐し坐して治め賜ふべし」と、何度も繰り返し懇望したといった事情説明があったであろう。これは、元明の天皇としての正当性の証明にほかならない。すなわち元明の即位が、天智の定めた「不改常典」によって権威と正当性の保証された、ほかならぬ文武の要請によるものであるという主張が遺詔には含まれていたと考えられる。

ただ、文武の遺詔はそれだけではなく、皇位を継承した元明の具体的な使命にも言及していたはずである。それは、『続日本紀』神亀《じんき》元（七二四）年二月甲午条に見える聖武即位の時に発せられた宣命《せんみょう》から窺うことができる。

高天原《たかまのはら》に神留《かんづま》り坐《ま》す皇《すめら》親《がむつ》神魯岐《かむろき》・神魯美命《かむろみのみこと》の、吾孫《あがみま》の知らさむ食国天下《おすくにあめのした》と、よさし奉《まつ》りしまにまに、高天原に事はじめて、四方《よも》の食国天下の政を、弥高《いやたか》に弥広に天《あま》日嗣《ひつぎ》と高御座《たかみくら》に坐《いま》して、大八嶋国知らしめす倭根子天皇の大命《おおみこと》に坐せ詔《の》りたまはく、

「此食国天下は、掛けまくも畏《かしこ》き藤原宮に、天下知らしめしし、みましの父と坐す天皇の、みましに賜ひし天下の業《わざ》」と、詔りたまふ大命を、聞きたまへ恐《かしこ》み受賜り懼《おそ》り坐す事を、衆《もろもろ》聞きたまへと宣《の》る。「かく賜へる時に、みまし親王《みこ》の齢《よわい》の弱《わか》きに、荷重きは堪へじかと、念《おもお》し坐して、皇祖母《すめみおや》と坐しし、掛けまくも畏き我皇天皇《おおきみすめらみこと》に授け奉りき。……

これによれば、「倭根子天皇」すなわち元正天皇（元明の娘氷高内親王《ひだかのひめみこ》。七一五年に元明の譲りを受けて即位）が聖武に譲り渡した皇位は、「掛けまくも畏き藤原宮に、天下知らしめしし、みましの父と坐す天皇」すなわち文武が「みましに賜ひし（あなたに賜った）」ものであると述べているのである。文武は我が子聖武に皇位を伝えようとしたのだが、「みまし親王の齢の弱きに、荷重きは堪へじか」と考え、「皇祖母と坐しし、掛けまくも畏き我皇天皇」すなわち元明に皇位を授けることにしたと説明されている。

元明が即位時に「八省の卿と五衛の督率ら」に披露した文武の遺詔とは、皇統の始祖たる文武によって皇統の継承者に定められた聖武に確かに皇位を譲り渡すという使命にも触れるものであったと考えられる。すなわち文武皇統の護持という使命が、不比等のみならず元明さらには元正にも、文武の遺詔の名において課せられていたのである。

皇統護持のための「中継ぎ」天皇

従来、元明と元正は「中継ぎ」の女帝といわれることが多い。確かに彼女たちは、いわば文武皇統の護持という目的のために即位したのであるから、「中継ぎ」の天皇という一面をもっていたことは否めない。

しかし、それは彼女たちが果たした役割が「中継ぎ」ということだったのであって、彼女らはあくまでも歴《れつき》とした天皇であった。元明・元正が聖武即位まで皇統を護持するという目的のもとに即位したとはいえ、彼女らの天皇としての権力や権威は他の男性の天皇と較べて何ら変わるところはなかったのである。しかも、彼女たちが即位することは早い段階から予定されていた。その意味で即位する予定も資格もまったくなかった女性皇族が、にわかに即位することになったわけではなかったのである。

たとえば、元明のような女性皇族の即位は、すでに六八九（持統三）年施行の飛鳥浄御《あすかきよみ》原令《はらりよう》において想定されていたのではないかと見られる。大宝継嗣令の皇兄弟条には「女帝の子も亦《また》同じ」という規定があり、これは女帝の子も親王の称号を得られるとの主旨であるが、この規定がすでに浄御原令にもあったと考えられるのである。この場合の「女帝」は、七世紀に実際に登場した推古、皇極・斉明、持統といった、キサキから大王・天皇になった女帝たちとは明らかに異なるタイプの女帝であった。継嗣令皇兄弟条の「女帝」は、大王や天皇以外の一般の男性皇族を夫とする女性皇族が即位するケースであり、それはまさに即位することなく死去した草壁の妻元明の即位を想定したものといってよい。

六八九年段階で文武はまだ七歳であったが、皇統の起点となる天皇として擁立されることはすでに決まっていた。したがって、その皇統の継承と維持のためには、前例のないキサキ以外の女性皇族が即位する道も用意しておく必要があると考えられたのであろう。これは今後、女性皇族が即位できる可能性を従来よりも拡大しておこうという措置と見なすことができる。

元明から皇位を譲り受けた娘の元正の即位も、やはり早い段階で予定されていたのではないかと見られる。それは、彼女に意図的に配偶者をもたせなかったことから明らかであろう。当時は「女年十三以上」(戸令聴婚嫁条)で結婚が許されたので、六八〇年生まれの彼女は六九二年以後が結婚適齢期となる。この段階で文武の即位はすでに確定していたから、文武の皇統を安定的に継承・維持していくためには、彼の姉にあたる元正が即位する可能性も留保しておく必要があったことであろう。

その場合、「中継ぎ」の天皇として即位した彼女に配偶者や子孫がいると、文武やその皇統の継承者に対する潜在的な脅威になりかねない。そのような危険な芽をあらかじめ摘み取っておくためにも、元正には婿を取らないことが早々に決められていたのではないかと見られる。要するに、元明・元正という母娘二代の女性天皇は、文武皇統の護持という政治的目的のために、その登場が早くから予定されていたのである。

皇統護持の名のもとに

七一四（和銅七）年六月、聖武は皇太子に立てられ、元服を加えられた。亡父文武よりも一年ほど早く皇太子となったことになる。翌七一五（霊亀《れいき》元）年九月、元明は天皇としての激務に疲れ、聖武への譲位を考えたが、『続日本紀』霊亀元年九月庚辰条によれば、

……因りてこの神器を皇太子に譲らむとすれども、年歯《よわい》幼く稚くして未《いま》だ深宮《しんきゅう》を離れず。庶務多端にして一日に万機あり。……

との理由により、結局、娘の元正に皇位を譲ることになる。亡き文武は十五歳で皇太子となり、次いで即位しているので、聖武が同じ十五歳なのに即位が延期されたことについては、聖武の天皇としての器量に不安や問題があったかのようにいわれることが多い。

しかし、聖武は文武によってその皇統の後継者に選ばれた存在であった。聖武への譲位を見送った元明自身が文武の皇統護持のために即位した天皇であったことから見れば、皇統を受け継ぐ掛け替えのない存在である聖武の即位に、慎重の上にも慎重になった結果と

考えるのが妥当であろう。

七一九（養老三）年十月、元正は十九歳になった聖武が「然《しか》れども年歯猶《なお》稚くして政道に閑《なら》はず」（『続日本紀』養老三年十月辛丑条）との理由から、舎人親王《とねりのみこ》・新田部親王《にいたべのみこ》の両名に聖武の後見・輔佐を命じている。これは、元明から文武皇統の護持という使命を受け継いだ元正が、その使命の一部を天武の息子であるこの二人に分与したものと考えてよかろう。とくに新田部の母（五百重娘《いおえのいらつめ》）は不比等の異母妹であり、また彼の妻でもあったから、新田部は皇統護持の役割を元正のみならず不比等からも受け継ぐ立場にあったということができる。

七二一（養老五）年十一月には、長屋王《ながやのおおきみ》（高市皇子の息子）と藤原房前《ふささき》（不比等の次男）の二人が元明太上天皇から後事を託され、後日、房前は「内外を計会《はから》ひ、勅に准《なずら》へて施行し、帝の業《わざ》を輔翼《たす》けて、永く国家を寧《やす》みすべし」という重責を担う「内臣《うちのおみ》」に任命されている。長屋王や房前も、これにより元明から文武皇統の護持に尽くすという特命を受けることになったと見られる。長屋王は皇統護持の主柱ともいうべき不比等の娘婿であり、房前はその不比等の息子であり、彼らはいずれもこのような使命を拝するのにふさわしい資格があったといえよう。

さらに、七〇八（和銅元）年十一月、不比等の妻、県犬養三千代《あがたのいぬかいのみちよ》が長年にわたり後宮に奉仕したことを褒賞され、元明から直々に「橘宿禰《たちばなのすくね》」の姓を下賜されている。「橘宿禰」姓がほかならぬ元明からあたえられたものであることを思えば、それは元明から三千代に文武皇統護持の使命が分与されたことを象徴するものだったのではないだろうか。三千代は皇統護持の主柱たる不比等の妻であり、また文武皇統を受け継ぐことが確定している聖武の許婚者、安宿媛《あすかべひめ》（後の光明子《こうみょうし》）の母でもあったから、このような特命とそれを象徴する「橘宿禰」姓を受ける資格は十分にあったのである。

なお、「橘宿禰」姓に象徴される皇統護持の使命を後に引き継いだのは、彼女の息子、葛城王《かずらきのおおきみ》であった（父は美努王《みぬのおおきみ》）。彼は七三六（天平《てんぴょう》八）年十一月、「橘宿禰」を継承するために臣籍に降下し、その際に名前も聖武の「族兄」を意味する「諸兄《もろえ》」に改めることになる。確かに彼は、聖武・光明子夫妻から見れば義兄にあたった。

聖武の重臣、橘宿禰諸兄はこうして誕生したのである。

聖武天皇の皇統再建計画

光明立后—聖武の立場と課題

再び「不改常典」—聖武即位

七二四（神亀《じんき》元）年二月、聖武天皇は元正天皇の譲りを受けて即位した。皇太子の地位にあることおよそ十年、彼は二十四歳になっていた。

聖武の即位にあたって発せられた宣命《せんみょう》（『続日本紀』神亀元年二月甲午条）にあの「不改常典」が登場する。それによれば、元正は霊亀元（七一五）年に元明天皇から皇位を譲り受けた時に、「挂《か》けまくも畏《かしこ》き淡海大津宮《おうみおおつのみや》に御宇《あめのしたしらしめ》しし倭《やまと》根《ね》子《こ》天皇の、万世《よろずよ》に改《かわ》るましじき常《つね》の典《のり》と、立て賜ひ敷き賜へる法《のり》の随《まにま》に、後遂には我子に、さだかにむくさかに、過《あやま》つ事無く授け賜へ」と命じられたので、今回の譲位はそれを実行したものであると述べている。

聖武は、天智大王が定めた法である「不改常典」によって皇位を譲り受けたというのである。前に述べたように、「不改常典」は文武天皇の天皇としての権威や正当性を保証する法的な根拠とされていた。したがって、聖武の即位が文武と同じ「不改常典」によって保証されるということは、聖武が文武の天皇としての権威と正当性を受け継ぐ存在と認識されていたことを意味する。その限りにおいて「不改常典」は、文武に始まる皇統の継承を正当化する法的な根源と見なされていたことになろう。

聖武は即位に伴い、生母藤原宮子《みやこ》を今後は「皇太夫人《こうたいぶにん》」ではなく「大夫人《だいぶにん》」と呼ぶように命じた。公式令《くしきりょう》（公式文書の書式や作成・施行上の手続きなどを規定）では天皇の母が夫人（天皇の后妃の地位の一つで、位階は三位《さんみ》以上）の地位にあった場合、「皇太夫人」と表記せよとされていたので、左大臣長屋王らは上奏し、「大夫人」号は口頭のみならず文書表記にもおよぶのか否かについて、改めて聖武の裁断を仰いだ。長屋王らは聖武の決定自体を覆そうとしたのではなかったのである。

結局聖武は、文書では公式令どおりに「皇太夫人」と記し、口頭では「大御祖《おおみおや》」と称するよう下命した。「大夫人」号を撤回したのは、それが「皇太夫人」の称号と紛らわしいからであろう。このように聖武は、生母宮子を一貫して制度外の称号で呼ぼうとしている。

それは彼が継承した文武皇統が法に縛られないこと、むしろそれを超越した存在であることを示そうとしたのではないかと思われる。

聖武にとって最大の課題は、彼が引き継いだ文武皇統をつつがなく次代に伝えていくことであった。文武皇統は、かつて持統天皇が定め、文武自身も改めて命じていたように、藤原氏の娘を母とする皇子によって受け継がれていくのが基本的原則とされていた。聖武はすでに皇太子時代に藤原不比等《ふひと》の三女安宿媛《あすかべひめ》（光明子）を娶っており、彼女は聖武即位とともに夫人に立てられていた。聖武とすれば、この光明子との間に皇子が誕生することを何よりも望んだのである。聖武には彼女以外にも複数の妻がいたが、文武皇統を継承する者は光明子の生む男子以外には考えがたかったであろう。

皇太子の生と死

即位から三年目の七二七（神亀四）年閏九月、光明子は待望の皇子を出産する。同年の十一月、聖武は「朕、神祇の祐《たすけ》に頼りて宗廟の霊を蒙り、久しく神器を有《たも》ちて新たに皇子を誕《う》めり」（『続日本紀』神亀四年十一月己亥条）と述べ、この皇子を皇太子に立てた。生後わずかに三十二日目のことであった。文武、聖武に次ぐ三人目の皇太子の誕生である。

この幼い皇子が皇太子とされたのは、彼こそが文武皇統の正式な継承者であることを内外に宣するという意味があった。それは文武皇統の存在とその継承原理（藤原氏の娘が生む皇子によって継承される）を改めて周知徹底させるという意図があったに違いない。

しかし、翌年（七二八年）九月、この幼い皇太子は病により死去してしまう。満一歳の誕生日を迎えることもできなかったのである。これにより文武皇統は早くも暗礁に乗り上げてしまったといえよう。聖武の落胆と悲哀は尋常でなく、翌々十一月には皇太子の菩提を弔うために「金鍾《こんしゅ》山房」（金鍾寺）を造営している。さらに同年十二月には「国家をして平安ならしめむが為なり」すなわち聖武の心に平穏をもたらすためと称して、「金光明《こんこうみょう》最勝王経《さいしょうおうきょう》」が諸国に頒布されている。

長屋王の「謀反」

幼い皇太子の死をめぐって思いもよらぬ密告が飛び込んだのは、翌七二九（天平元）年二月のことであった。漆部《ぬりべの》造《みやつこ》君足《きみたり》と中臣宮処《みやこの》連《むらじ》東人《あずまひと》なる下級官吏が、「左大臣正二位長屋《ながやの》王《おおきみ》私《ひそ》かに左道を学びて国家を傾けむと欲《す》」との通報におよんだのである（『続日本紀』天平元年二月辛未条）。密告によれば、長屋王は「左道（非合法の手段）」によって「国家を傾けむ（天皇あるいはそれに準ずる人の殺害）」を謀ったというのであった。即日、天皇の親衛軍ともいうべき六衛（衛門府・左右衛士府・左右兵衛府・中衛府）の兵力が長屋王邸を完全包囲した。

この時、長屋が呪詛《じゅそ》などの手段によって殺害の標的にしたというのは、前年十一月に死去した皇太子と判断されたようである。長屋は政府高官らの尋問を受けた翌日、正式な処断が下る前に妻子とともに自殺して果てた。後年、長屋の容疑は冤罪と判明するのだが、彼とその一族が裁決を待たずに自殺という最悪の選択をしたのは、聖武の憤激を抜きにしては考えがたいであろう。

長屋は、聖武の即位とともに左大臣に任命された文字どおり聖武の重臣であり、かつて元正から藤原房前《ふささき》とともに文武皇統の護持という使命を託された人物でもあった。文武皇統の輔翼《ほよく》者の一人といってよい。その彼が、あろうことか文武皇統の貴重な後継者である皇太子の命を奪おうとしたという嫌疑を掛けられたのである。文武皇統の存続と発展を最大の課題とする聖武にすれば、事の真偽や証拠の有無などは別にして、長屋にそのような容疑が掛けられただけでも厳罰に値すると考えたに違いない。長屋とその一族の自決は、そのような機微《きび》を知る者のあまりにも果断な身の処しかたであったといえよう。

この事件（長屋王の変）については、藤原氏の血を引く皇子の即位を望む不比等の息子たち（藤原四子）の陰謀として説明されることが多い。しかし、この事件に藤原四子の関与があったとしても、それはあくまでも聖武の意思を帯した先兵としてであったと思われる。藤原氏の娘を母とする皇子の誕生を待ち望んだのは誰よりも聖武自身であり、彼の意向を無視して藤原四子がかってに動くとは考えがたい。

光明立后の「史的意義」

文武皇統の護持にあたるべき、その意味で聖武が最も信任していた長屋王が、皇統の存続を根底から脅かすような犯罪に手を染めたとされたことに、聖武は心底より慄然としたに違いない。彼は文武皇統の安泰を期するためにも、ここで改めて皇統再生産の原理・原則を周知徹底させる必要に迫られたのである。

それに対する答えが、同（七二九）年八月の藤原光明子の立后《りつごう》であった。『続日本紀』天平元年八月壬午条によれば、聖武は五位以上と諸司の長官を内裏《だいり》に召し入れ、舎人親王《とねりのみこ》に宣命《せんみょう》を読み上げさせた。その冒頭部分にはつぎのようにあった。

皇朕《すめらわれ》高御座《たかみくら》に坐《いま》し初《そ》めしゆり今年に至るまで六年《むとせ》に成りぬ。此の間に、天つ位に嗣ぎ坐《ま》すべき次《つぎて》と為《し》て皇太子侍《はべ》りつ。是に由りて其のははと在らす藤原夫人《おおとじ》を皇后と定め賜ふ。

聖武は、即位以来およそ六年にわたり皇后位が空白であったが、今回、文武皇統の継承予定者であった皇太子を生んだ実績のある光明子を皇后に立てることに決したと述べている。それは皇后になった彼女がいずれ生むであろう（生むに違いない）皇子が皇太子をへて、やがて文武皇統を受け継ぐ天皇になることを宣言したものであった。これにより、文武皇統は藤原氏の娘が生む皇子によって継承されていくという原則が、改めて確認されたことになる。

聖武はここで「皇后の生んだ皇子が皇太子となる」あるいは「皇太子となる者の母親は皇后でなければならない」というのがあたかも当然のことであり、確かな前例もあるかのように述べている。だが、実はそのような制度も前例も存在しなかったのである。ただ、唯一の例外というべきものが、天武「皇后」鸕野讃良皇女《うののさららのひめみこ》（持統）の生んだ草壁皇子《くさかべのみこ》が「皇太子」に立てられたとする『日本書紀』の記述であった。だが、持統は確かに皇后であったが、前に述べたように草壁は「皇太子」ではなかったので、この母子の例をもって上記の確実な先例と見なすことはできない。

それにも拘わらず聖武は、草壁を天武の「皇太子」とする『日本書紀』の記述を強引に前例と見立てたようである。そして、皇后とは本来的に皇太子を生むことを第一の使命とする公的な地位であると強弁することで、光明子が近い将来生む皇子こそ文武皇統の継承者であることをあらかじめ確定しておこうとしたのである。これは明らかに先例の創出といってよかった。

この時、皇后となった光明子は聖武と同い年で二十九歳。この先なお、妊娠・出産が十分に期待できる年齢であった。したがって、この時点で文武皇統は順調に発展していくかに思われたのである。

天平の三姉妹――聖武の娘たちの婚姻

光明皇后が七一八（養老二）年に生んだ阿倍内親王《あへのひめみこ》は、後に古代最後の女性天皇、孝謙・称徳天皇となるが、彼女はなぜ結婚しなかったのであろうか。

阿倍内親王「不婚」の理由

阿倍の場合、早い段階から光明子が生むであろう皇子（彼女の同母弟）が文武皇統の継承者となる予定であったから、たとえば彼が幼少であり、その即位までに多くの年月を要する場合、彼女が「中継ぎ」として即位することが予定されていたのである。即位した彼女に夫や息子があった場合、彼らの存在が皇統を受け継ぐ予定の皇子による皇位継承を脅かす危険性があった。それをあらかじめ除いておくために、彼女は配偶者をもたないことにされたのではないかと見られる。阿倍にはいわば「不婚」が強制されたわけである。

阿倍は七一八年生まれであったから、当時女子の結婚が許される十三歳以上に達するのは七三〇年以降であった。その前年（七二九年）に光明皇后が生むであろう皇子が文武皇統の継承者となることが確定されていたから、将来必ず彼女を「中継ぎ」として即位させる必要が生ずることを見越して、おそらくこの頃に彼女には将来にわたって夫をもたせないとの決断が下されたと考えてよかろう。それは、やはり聖武の意思によるものであったに違いない。この点、文武の姉元正が、文武皇統の護持という目的のために早くから独身を強いられたのと事情は同じであった。

異例の女性皇太子―皇統再建に向けて

しかし、残念ながら聖武の思惑どおりに事は運ばなかった。その後、光明子に懐妊の兆候は一向に見られず、文武皇統を受け継ぐ男子の産声《うぶごえ》を聞く日はついに訪れなかったのである。光明子の立后からおよそ十年、七三八（天平十）年正月に阿倍が皇太子に立てられた。文武、聖武、そして夭折した皇太子に次ぐ四人目の皇太子ということになる。皇太子は中国では「皇帝の太子（長男）」を意味したから、その地位に女性が就任するというのは異例に属する。

阿倍は、光明子が生む皇子の「中継ぎ」として即位すべく「不婚」とされていたわけだから、彼女の同母弟である文武皇統の継承者が不在のまま、彼女が聖武の次期天皇に確定したということは、従来の方針に大きな変更があったことを意味する。阿倍が皇太子に立てられた事情については、『続日本紀』天平宝字六（七六二）年六月庚戌条につぎのように見える。

……太上天皇の御命《おおみこと》以て卿等諸《もろもろ》に語らへと宣《の》りたまはく、朕《わ》が御祖太皇后《みおやおおきさき》の御命以て朕《われ》に告《の》りたまひしに、岡宮《おかのみや》に御宇《あめのしたしらしめ》しし天皇の日継は、かくて絶えなむとす。女《おみ》子《なご》の継《つぎ》には在れども嗣がしめむと宣りたまひて、此《こ》の政行ひ給ひき。

「太上天皇」とは阿倍のこと。彼女は七四九年に孝謙天皇として即位したが、この時はすでに淳仁《じゅんにん》天皇（舎人親王《とねりのみこ》の息子）に譲位し太上天皇（上皇）になっていた。この宣命は、後述するように彼女が淳仁を非難し、彼から天皇大権を取り上げることを宣した時のものである。「朕が御祖太皇后」とは光明子のことであるが、彼女はこれより二年前に死去していた。「岡宮に御宇しし天皇」とは草壁皇子を指し、詳しくは後述するが、彼はこの時すでに天皇としての尊号を献上されていたのである。

問題の箇所は「女子の継には在れども嗣がしめむと宣りたまひて」というところである。文武皇統は藤原氏の娘が生む皇子が本来継承すべきなのであるが、それが叶わない以上、いわば次善の策として、藤原氏出身の光明子が生んだ娘である阿倍に皇統を継がせることにしたという意味であろう。ただ、このように重大な変更が聖武ではなく光明子の言葉として語られているのが気に掛かる。だが、文武皇統の存続に関わる事柄の決定に聖武が関与しなかったとは考えにくい。ここで聖武ではなく光明子の存在が引き合いに出されているのは、後述するように、七四九年の聖武の譲位後、天皇となった阿倍（孝謙）を光明子が後見・輔佐するようになったことが関係しているようである。

七三八年に阿倍による文武皇統の継承が正式決定されたことは、この時点で光明子が皇統を受け継ぐ男子を出産するのがほぼ絶望的になったことを意味していると考えられよう。光明子は聖武と同い年の七〇一年生まれであるから、この時、三十八歳である。これは当時とすれば妊娠・出産にかなりのリスクを伴う高齢といってよい。個人差のある問題ではあるが、あるいは今後の妊娠・出産を断念せざるをえないような状況が光明子の身に起きたのかもしれない。なお、聖武は藤原武智麻呂《むちまろ》や房前《ふささき》の娘も娶り、万が一、光明子に皇子が生まれなかった場合に備えていたようだが、彼女たちが懐妊したという形跡も認められない。

この時点で、藤原氏の娘が文武皇統の継承者を生むという方針は基本的に修正せざるをえなくなったといえよう。七三八年は文武皇統の存続にとって大きな転換点になった。聖武は阿倍を皇太子に据えた時点で、文武皇統の再建に本格的に取り組まねばならなくなったのである。

通説では、「不婚」で後継者のいない阿倍が次期天皇に決まったことによって、皇位継承の先行きが読めない状況に陥り、その結果、皇位継承をめぐる混乱や暗闘が激化したといわれる。だが、それは違うと思われる。なぜならば、実は聖武は、阿倍の次の天皇について明確な展望をもっていたと考えられるからである。文武皇統の再建とは、具体的には聖武から見れば傍系の親族のなかからしかるべき人物を阿倍の「皇嗣」に選ぶことであった。そして、そのしかるべき人物には聖武との間に親縁な関係のあることが必要とされた。その意味で、聖武による皇統の再建計画を明らかにするには、彼の娘たちの結婚（婿選び）について見てみればよいであろう。

井上内親王の婚姻

聖武は夫人《ぶにん》県犬養広刀自《ひろとじ》との間に二女一男をもうけた。井上内親王《いのえのひめみこ》、不破内親王《ふわのひめみこ》、そして安積親王《あさかのみこ》である。生まれた順番は、あるいは井上、安積、不破だったかもしれない。

広刀自の存在については、これまで光明子や藤原氏との対立面ばかりが強調されがちであった。光明子の生んだ皇子を天皇にしようとする藤原氏は、広刀自や彼女が生んだ安積に対し執拗なまでの敵愾《てきがい》心を燃やしており、それゆえ安積を暗殺したのではないかという疑惑まで掛けられている。

だが、広刀自は藤原不比等の妻として聖武の養育に貢献した県犬養（後に橘）三千代《みちよ》の一族の出であったから、彼女は三千代の存在を介して藤原氏とも決して疎遠な間柄ではなかったはずである。それに、聖武自身が藤原氏の娘が生む皇子に皇統の存続を託そうと考えていたわけだから、広刀自が生んだ皇子は藤原氏や光明子にとって最初から敵ではなかったといわねばならない。むしろ聖武が、広刀自の生んだ娘たちを皇統再建に向けて積極的に利用しようとしたことを見逃してはならない。

井上が生まれたのは、『水鏡《みずかがみ》』によると、七一七（養老元）年である。阿倍よりも一歳だけ年長であったことになる。彼女は七二一（養老五）年、わずか五歳の時に斎内親王《いつきのひめみこ》（斎王《さいおう》）に卜定《ぼくじょう》された。斎内親王とは未婚の内親王が伊勢に赴き、天皇に代わって皇祖天照《あま》大神《てらすおおみかみ》に奉仕するもので、肉親の喪に遭えば解任される定めであった。

七二七（神亀四）年、十一歳になった井上は伊勢に下向《げこう》、斎内親王の任に着いた。以後、七四四（天平十六）年に同母弟安積の急逝により斎内親王を解任されるまで、十七年にわたり伊勢の地で天照大神に奉仕する日々を過ごしたのである。

井上が伊勢から戻った時、彼女はすでに二十八歳になっていた。当時女性は十三歳以上で結婚が許されたので、彼女はすでに適齢期を過ぎていたといえよう。その彼女がやがて白壁王《しらかべのおおきみ》と結婚、他戸王《おさべのおおきみ》という息子をもうけることになる。

白壁は天智大王の孫で、父親は志紀《しき》（施基）親王《みこ》であった。彼は七〇九（和銅二）年生まれであったから、井上が斎内親王を解任された時点ですでに三十六歳。当然のことながら、彼女との結婚が初婚だったわけではない。二人の間に生まれた他戸の誕生年については七五一（天平勝宝三）年説と七六一（天平宝字五）年説がある。前者であれば、井上三十五歳の時の子であり、後者であれば、彼女が四十五歳の時の出産ということになる。断定はしかねるが、当時にあっては後者の可能性はかなり乏しいのではないだろうか。

三十歳を目前にした井上が白壁と結ばれたのは、彼らが偶然知り合い、互いを伴侶に選んだものとは到底考えがたい。後述するように、聖武が娘の結婚相手を慎重に銓衡《せんこう》した結果、白壁に白羽の矢を立てたと見ねばならないであろう。もちろん、その銓衡に光明子が関与したことはいうまでもあるまい。

不破内親王の婚姻

井上の同母妹、不破内親王《ふわのひめみこ》は新田部親王《にいたべのみこ》の息子、塩焼王《しおやきのおおきみ》と結婚している。『公卿補任《くぎょうぶにん》』によれば、塩焼は七一五（霊亀元）年の生まれとされている。だが、彼は七三三（天平五）年に従四位下《じゅしいのげ》に初叙されているので、この時に二十一歳であったとして（父祖の蔭《おん》により初めて位を授かるのが二十一歳以上）、七一三（和銅六）年の誕生ということになる。

塩焼は後述するように、七四二（天平十四）年十月に女孺《にょじゅ》ら数名とともに投獄され、伊《い》豆国《ずのくに》三嶋《みしま》（国府の所在地）への流罪（遠流《おんる》）に処されている。問題となるのは、不破が塩焼と結婚したのが事件の前か後かということである。これに関しては、不破の誕生年が手掛かりになるであろう。

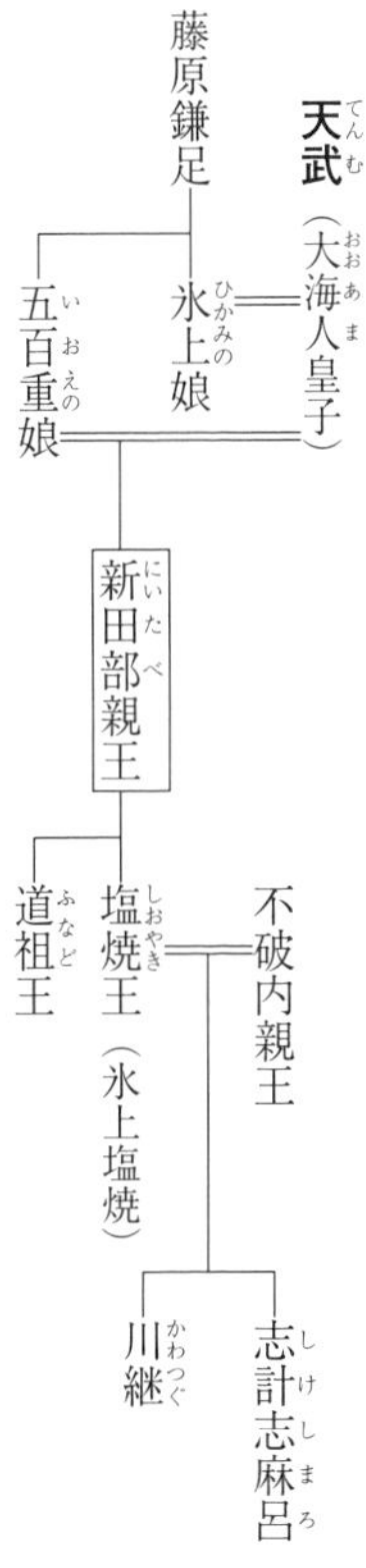

図5　新田部系略系図

彼女は七一九（養老三）年か七二〇年頃の誕生ではないかと見る説がある（林陸朗「奈良朝後期宮廷の暗雲」『上代政治社会の研究』所収、吉川弘文館、一九六九年）。これは、不破の同母姉井上が七一七年に生まれているので、彼女も大体その頃の生まれであろうという推測にもとづく。これによれば、塩焼と不破が結婚したのは七四二年以前と考えてもよい（七一九年生まれとして七四二年の時点で二十四歳）。

だが、不破の生年推測の手掛かりとされた同母姉井上の誕生年は、鎌倉時代に書かれた『水鏡』の記述にもとづくので、これを全面的に信用できるかという疑問がのこる。また、彼女の次男川継《かわつぐ》が七七九（宝亀十）年に初めて従五位下《じゅごいのげ》に叙されているので、かりにこの時二十一歳として七五九（天平宝字三）年の生まれとなり、不破が彼を生んだのは四十歳前後ということになる。先に井上が他戸を生んだ時の年齢を問題にしたが、この出産も当時にあっては極めて考えにくいのではないだろうか。

すると、不破の誕生はもっと後年のことと考えねばならない。不破の長男志計志麻呂《しけしまろ》は七六九（神護景雲《じんごけいうん》三）年に謀反事件に関わるが、早川庄八氏によれば、その時彼が父祖の蔭により初めて叙位される二十一歳になっていたと仮定し、さらに不破が彼を生んだのが二十歳頃のこととすれば、彼女は七二九（天平元）年頃の生まれではなかったかと推測している（「『かけまくもかしこき先朝』考」『日本歴史』第五六〇号、一九九五年）。

早川説によれば、不破と塩焼が結婚したのは、塩焼の流罪《るざい》よりも後ということになる。不破は事件当時、わずか十四歳前後にすぎなかったからである。早川氏はこれを裏づける証拠として、七六九年五月に不破と志計志麻呂の母子が処罰された時に発せられた詔のなかで、

塩焼王との結婚時期

不破内親王は、先の朝《みかど》勅有りて親王《みこ》の名を削れり。而《しか》して積悪《せきあくや》止まず、重ねて不敬を為す。

とされていることに注目した。この内親王号剝奪の一件については、数日後に出された宣命では「挂《か》けまくも畏《かしこ》き先の朝の過《あやまち》に依りて棄て給ひてし」と表現されている。このように不破が一時的に内親王号を失ったのは、従来は七四二年の塩焼流罪に連坐したことによるか、あるいは七六四（天平宝字八）年に起きた恵美押勝《えみのおしかつ》（藤原仲麻呂）の乱で塩焼が誅殺され、それに連坐したことを指すと考えられてきた。塩焼と不破の結婚を事件以後と考える早川説によれば、前者はまったく問題とならず、後者が検討を要することになる。

だが、早川氏によれば、後者の可能性も乏しいという。なぜならば、「挂けまくも畏き先の朝」と述べているのは聖武の娘でその後継者となった阿倍内親王であり、彼女がいう

「挂けまくも畏き先の朝」は亡父聖武の治世に限られるからである。したがって、不破はあくまで聖武の在位中に「親王の名を削れり」「過に依りて棄て給ひてし」という厳罰を受けたことになる。それが何かといえば、早川説では七四二年の塩焼王流罪との関連は問題とならないので、あくまで流罪事件後、不破が聖武の勘気《かんき》を蒙ったということになる。

早川氏は「わたくしの空想にすぎない」と断った上で、聖武は不破が彼女よりも二十歳ほど年長で、しかも流罪という前科のある塩焼と懇《ねんご》ろになったことに立腹し、娘に対し内親王身分の剝奪という厳しすぎる処断を下したのではないかと述べている。父の与《あずか》り知らぬところで娘が札付きの男と昵懇《じっこん》になり、それを知って父親が激昂するというのは、ありえない話ではなかろうが、やはり不破のような身分の女性の結婚が、その父天皇の意向をまったく無視して、しかもその反対を押し切ってなされたというのは考えにくい。聖武の娘たちは、自由に結婚相手を選ぶことなど許されていなかったのである。

なぜ塩焼王を責め続けたか

『続日本紀』天平宝字元（七五七）年四月辛巳条には、塩焼に関するつぎのような人物評が見える。

塩焼王は太上天皇責めたまふに無礼を以てせり。

すなわち、聖武は終生にわたって塩焼の無礼を責め続けたというのである。一般にいわれているように、それがこの流罪の一件を指していたとすれば、聖武が事件後に大切な娘を塩焼のような人物に嫁がせたとは考えがたいであろう。

確かに早川氏の指摘するとおり、「挂けまくも畏き先の朝」が聖武朝を指すことは間違いあるまい。しかし、早川氏のいうように不破の生年を七二九年頃に下げて考えたとしても、彼女と塩焼との結婚は七四二（天平十四）年の塩焼流罪以前でも決しておかしくはない。

というのも、七四二年の時点で不破はすでに十四歳になっており、当時の女性は十三歳以上で結婚が許されたからである。ちなみにあの持統が叔父天武と結婚したのも、彼女が十三歳の時であった。

したがって、塩焼と不破との結婚は七四二年の流罪事件以前（あるいはその直前）であっても不都合はないと考える。事件はむしろ結婚（または婚約）直後に起きた可能性がある。聖武の終生にわたる塩焼への憤りは、まだ十代前半という年端《としは》もいかない娘を彼に託し、娘婿として過大な期待を寄せていたのに、それが手痛い裏切りに合ったことに発すると見なすのが妥当であろう。

聖武が不破から内親王の称号を剝奪したのは、いったん彼女を塩焼に嫁がせた以上、あからさまに離縁するわけにもいかず、さりとて娘だけを不問に付すわけにもいかないという苦渋の決断だったのではあるまいか。とすれば聖武が、最愛の娘に対しこのような厳しい処断を下さざるをえない要因を作った塩焼を事あるごとに詰《なじ》り、その無礼を終生にわたって許さなかったのも頷けるであろう。

娘婿―皇統再建の切り札

聖武によって娘の結婚相手に選ばれた人物はたんなる娘婿ではなく、聖武自身が阿倍皇太子の次期天皇候補として選んだ人物だったのではないかと考えられる。そのようにいうのは、後年のことになるが、白壁・井上夫妻に生まれた他戸が将来の天皇候補とされ、彼が即位するまでの「中継ぎ」という形で実際に白壁が光仁天皇として即位した事実があるからである。当時称徳天皇となっていた阿倍は、その遺宣のなかで「先の帝」すなわち聖武の遺志もあるので白壁を即位させることにしたと述べている。この「先の帝」を白壁の祖父天智と見なすのが定説であるが、それは後述するように誤りである。「先の帝」は明らかに聖武を指している。

したがって、七四四年以降、聖武が白壁に井上を娶わせたのは、まずは女系で聖武の血筋を引く皇子をもうけるのがねらいであり、さらに、元明・元正や阿倍皇太子がそうしたように、娘婿である白壁に「中継ぎ」として皇統護持の役割を期待したのではないかと見られる。聖武は選択肢の一つとして「阿倍→白壁→他戸」という皇位継承を思い描いていたと考えられる。

とすれば、白壁・井上の結婚よりも前に、聖武が塩焼と不破を結婚させたのは、他戸のような血筋の皇子をもうけるためであり、現に夫婦の間には志計志麻呂《しけしまろ》や川継《かわつぐ》らが誕生している。後年、彼らが皇位継承に関わる事件で処罰されているのは、そもそも彼らに皇位継承権が認められていたからであろう。したがって、彼らの父であり、聖武の娘婿である塩焼にも、「中継ぎ」とはいえ皇位継承の可能性があったと考えてよかろう。

聖武は七四〇年頃、不破の婿として塩焼を迎えた時点で、将来的に阿倍皇太子の後継天皇として、まずは娘婿を擁立し、次いで娘婿夫婦の間に生まれた男子に皇位を継承させようと考えていたと見られる。ところが、七四二年に塩焼が流罪となるような事件を起こし、事実上皇位継承権を喪失してしまったので、その二年後に斎内親王を解任された井上の婿探しに、聖武は真剣かつ慎重にならざるをえなかったといえよう。

聖武の新田部系びいき

このように、娘婿をいわば「中継ぎ」として起用し、娘を介して聖武の血筋を受け継ぐ孫に皇統を譲り渡すというのが、聖武の描いた皇統再建の基本的なシナリオであった。聖武が「不婚」の阿倍皇太子を次期天皇に決めた時点で、今後の皇位継承をどうするのか、明確なビジョンを示しえなかったので、そのために以後皇位継承をめぐる混乱と紛争がエスカレートしてしまったといわれるが、それは間違っていると思われる。聖武は少なくとも三代先の天皇まで、その目で確実に見据えていたのである。

では、聖武は当初なぜ塩焼を阿倍の次期天皇として選んだのであろうか。舎人親王と新田部親王は、かつて元正から文武皇統の護持という使命を託された重要人物であった。したがって、舎人の子孫と新田部の子孫は、他の皇族らに比して聖武による皇統再建の担い手を出しうる潜在的な資格をもっていたことになるであろう。

聖武が結局、舎人系と新田部系のうち、後者から阿倍の次期天皇候補を選んだのは、新田部が藤原鎌足《かまたり》の娘五百重娘《いおえのいらつめ》を母としており、天智・天武の子孫のなかでも藤原氏との血縁関係が最も深い家系だったからではないかと考えられる。文武皇統は藤原氏の娘が生む皇子によって受け継がれるという原則はすでに七三八年の時点で放棄されているのであるが、皇統再生産に果たした藤原氏の役割や存在感がなお重視されていたとすれば、聖武から見て舎人系より新田部系が優先されるのは当然だったであろう。

後述するように、聖武による新田部系びいきはそれこそ終生のものだったのである。

東国行幸——壬申の乱の回顧

「朕意ふ所有るに縁りて」

七四〇（天平十二）年八月下旬、大宰少弐《だざいのしょうに》藤原広嗣《ひろつぐ》（藤原宇合《うまかい》の息子、光明皇后の甥）が大宰府を拠点に反乱を起こした。聖武の重臣、橘諸兄《たちばなのもろえ》が重用する僧玄昉《げんぼう》と吉備真備《きびのまきび》の解任をもとめての挙兵であった。九月初旬、聖武は直ちに大野東人《おおののあずまひと》を将軍に任命、追討軍を現地に差し向けた。追討軍が九月中旬より九州上陸を開始し、十月上旬には広嗣軍を粉砕した。十月下旬に広嗣は五島列島で逮捕され、十一月初旬には現地で処刑されている。

十月二十六日、突如として聖武は九州の戦地にいる東人に対し東国への行幸計画を知らせる。それは『続日本紀』天平十二年十月己卯条につぎのように見える。

朕意《われおも》ふ所有るに縁《よ》りて、今月の末暫く関東に往かむ。その時に非《あら》ずと雖《いえど》も、事已《や》むこと能《あた》はず。将軍これを知るとも、驚き怪しむべからず。

聖武の東国行幸は、広嗣の乱やその余波から逃れるためだったというのが通説であるが、実際はそうではなかった。なぜならば、行幸計画が発表される前に広嗣の乱はすでに鎮圧されており、その知らせは聖武の耳にも入っていたはずだからである。聖武は何者かの影に脅え、それから逃れるために行幸に出立したのではなかった。

聖武の勅によれば、東国行幸は「朕意ふ所」を実現するための行動として位置づけられている。この「朕意ふ所」が何かといえば、同年の暮れ、行幸の後にたどり着いた山背国《やましろ》相楽郡《さがらか》の恭仁《くに》の地に都（恭仁京）を造営すること、そして、そこを拠点にその東北方に位置する山間の小盆地、近江国《おうみ》甲賀郡《こうか》紫香楽村《しがらき》において巨大な盧舎那仏《るしゃなぶつ》（大仏）を造立する計画を指すと考えられる。それは、七四〇年二月の難波宮行幸のおりに、河内国《かわち》大県郡《おおがた》知識寺《ちしき》で盧舎那仏を見たのがきっかけであった。知識寺とは、「知識」という仏教用語（僧侶や寺院への援助者、または僧侶や寺院に差し出された物資や労力、さらにはそのような物資や労力を投入した事業などを指す）から考えれば、おそらく河内国大県郡とその近在の豪族や民衆が資財や労力を自発的に出し合って造営された寺院であった。聖武は自分も民衆が自発的に差し出した物資や労力を結集して巨大な盧舎那仏を完成させたいと願ったのである。
このように「朕意ふ所」の端緒が七四〇年初頭にあったとすれば、聖武がたんに八月に勃発した広嗣の乱から逃れるために東国への行幸を思い立ったとは考えがたい。聖武は「朕意ふ所」を実施に移す機会を以前から窺っていたのであって、広嗣の乱が鎮圧された今こそ、「朕意ふ所」を実行すべき絶好の機会と考えたのであろう。

壬申の乱の跡をたどる

東国行幸は盧舎那仏造立に向けての一大デモンストレーションだったと見られるから、行幸のねらいが分かれば、聖武が盧舎那仏を造立しようとした意図も明らかになるに違いない。東国行幸のコース選定が壬申の乱を意識したものだったことはよく知られている。

聖武は七四〇（天平十二）年十月二十九日に平城宮を出発、その日は大和国山辺郡の竹《つ》谿《け》村堀越頓宮《ほりこしのかりみや》に泊まり、三十日には伊賀国名張《なばり》郡に至った。十一月に入って一日に同国の安保《あほ》頓宮、二日には伊勢国壱志《いちし》郡にある河口頓宮に入った。ここに十日ほど滞在、十二日には壱志郡に遷っている。十四日には鈴鹿郡の赤坂頓宮、二十三日には朝明《あさけ》郡と進み、二十五日には桑名郡の石占《いしうら》頓宮に宿している。二十六日、美濃国に入り当伎《たぎ》郡に投宿。月が変わって十二月の一日には不破《ふわ》郡の不破頓宮に至った。翌日、宮処寺《みやこでら》や曳常泉《ひきつねのいずみ》に

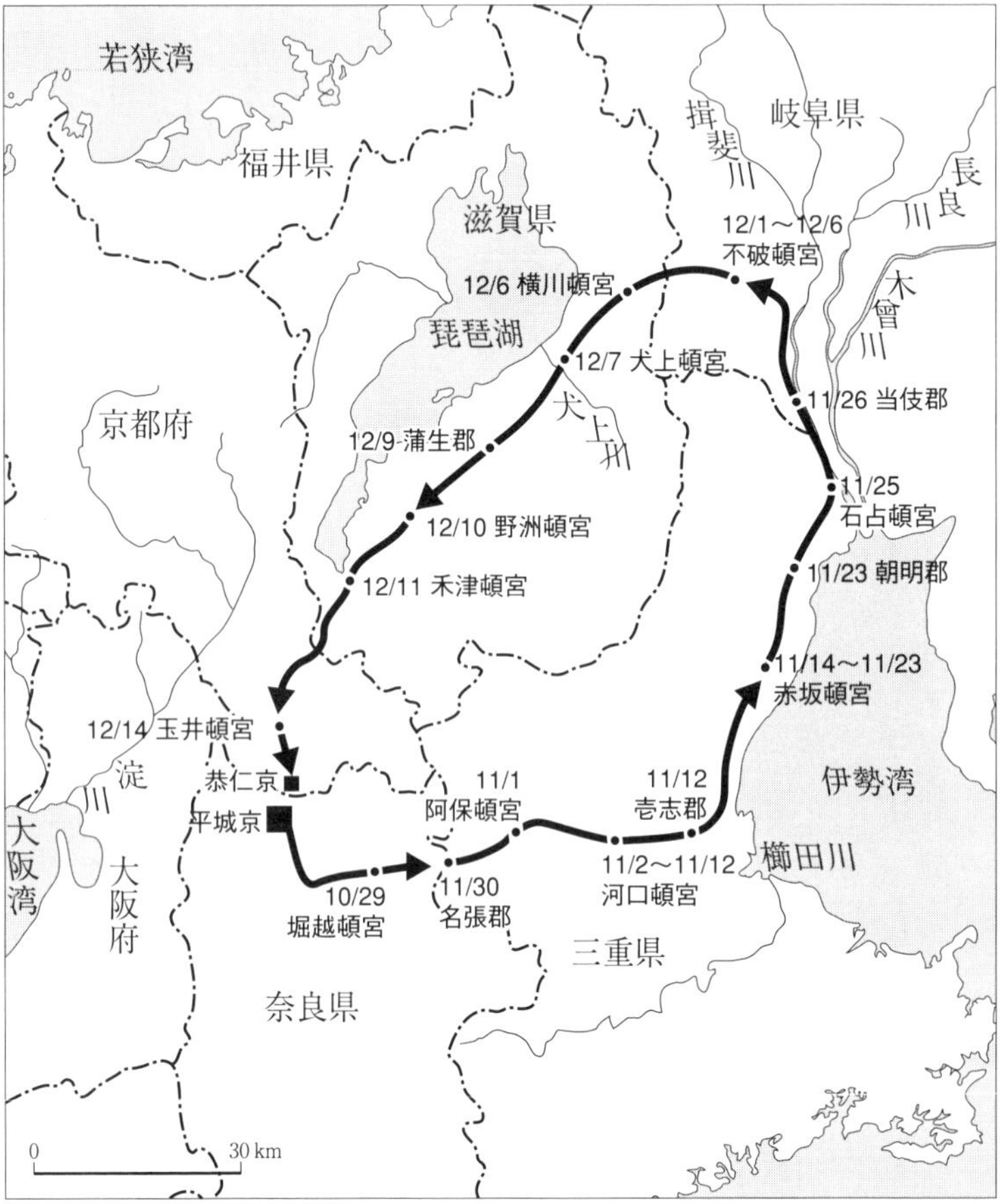

図 6　聖武天皇東国行幸図（栄原永遠男『天平の時代』集英社，1991年から転載）

赴き、六日には近江国坂田郡の横川頓宮に至っている。七日に犬上《いぬかみ》頓宮、九日に蒲生《がもう》郡、十日に野洲《やす》頓宮というように琵琶湖《びわこ》東岸を南下して行き、十一日には志賀郡の禾津《あわづ》頓宮に入った。ここを拠点に十三日には志賀山寺《しがさんじ》（崇福寺《すうふくじ》）に足を伸ばした。そして、十四日には山背国相楽郡に入り、玉井頓宮に至ったのである。

このうち伊勢国鈴鹿郡から美濃国不破郡に至るコースは、かつて六七二年に吉野宮を出て東国をめざした天武天皇がたどった道筋にほぼ重なる。不破は天武の本営が置かれた場所であった。平城宮を後にした聖武は不破までの道中、その御輿の前後に騎兵をしたがえて進んだのである。それはさながら、軍事パレードの観を呈したに違いない。聖武は不破で騎兵を解散しているが、その後に彼がたどった琵琶湖東岸の各所も壬申の乱ゆかりの地であり、天武自身が通ったわけではないが、内乱のさなか両軍の激しい攻防が展開した場所であった。

従来からいわれているように、東国行幸が聖武にとっては壬申の乱を「追体験」する旅であったことは明らかであろう。この行幸に供奉《ぐぶ》した人びとや行幸を見つめる沿道の群衆は、間違いなく、およそ七十年前に起きた内乱を想起したに違いないのである。そして、行幸の主である聖武が自身を内乱の勝者天武になぞらえていたことは想像に難くない。

天武を回顧する意味

通説によれば、聖武が壬申の乱ゆかりの地を巡幸したのは、自身が天武直系であることを誇示しようとしたためと説明されている。だが、聖武は七四〇（天平十二）年十二月十三日には志賀山寺に行幸している。これは天智が建立したとされる寺院であり、聖武が通説のいうように本当に天武直系を自認していたとすれば（天武を皇統の始祖と仰いでいたのであれば）、天智創建の寺院にわざわざ参拝するとは考えがたい。東国行幸において志賀山寺にあえて参拝しているということは、その目的がたんに天武と聖武自身との血縁関係を強調・誇示することにあったのではないことを物語っていよう。

本書で述べているように、聖武が自身を「天武系」あるいは「天智系」と認識していたのではなく、あくまでも文武皇統という意識にとらえられていたとするならば、彼が壬申の乱や天武を想起させるような行幸コースをあえて選んだことについて、改めて説明を加えねばならない。ここで注目されるのが『続日本紀』天平十二年十月丙子条である。

次第司《しだいし》を任す。従四位上塩焼王《しおやきのおおきみ》を御前長官《みさきのちょうかん》とす。従四位下石川王《いしかわのおおきみ》を御後長官《みあとのちょうかん》。正五位下藤原朝臣仲麻呂《ふじわらのあそみなかまろ》を前騎兵《さきのきへい》大将軍。正五位下紀朝臣麻路《きのあそみまろ》を後騎兵《あとのきへい》大将軍。騎兵の東西史部《やまとかわちのふひとべ》・秦忌寸《はたのいみき》ら惣《すべ》て四百人を徴《はた》り発《おこ》す。

これによれば、聖武が「御前長官」すなわち行幸の先駆けの一団の長に塩焼王を抜擢したというのである。すでに述べたように、聖武は新田部の息子である塩焼を娘不破の婿に迎え、彼を阿倍皇太子の次期天皇に擬していたと見られる。壬申の乱の「追体験」をねらった東国行幸において聖武が天武だとすれば、その露払い役の塩焼はさしずめ高市王子《たけちのみこ》ということになるであろう。

東国行幸におけるこのような演出は、聖武がこの時期、「阿倍→塩焼→塩焼・不破夫妻の息子」という構想で皇統の再建を企図していたことを踏まえれば、その意図するところが了解できよう。すなわち、皇統再建は新田部系との連帯と融和なくして成立しえない。東国行幸を通じて天武や壬申の乱が殊更に回想されたのは、文武—聖武と新田部—塩焼の共通の祖である天武の存在と、その王権を生み出した内乱とをクローズアップすることが、皇統再建に向けて新田部系との連帯と融和を強化するのに最も効果的と考えられたからであろう。聖武が壬申の乱の「追体験」を企てたのは、たんに自身が天武の曾孫であり、その直系であることを誇示するためではなかったのである。

「君臣祖子の理」とは何か

その後、七四三（天平十五）年十月に「盧舎那仏（大仏）造立の詔《みことのり》」が発布され、「朕意ふ所」はようやく本格始動することになる。それより五ヵ月ほど前、聖武は群臣を内裏《だいり》に召して宴を賜わり、そこで阿倍皇太子に「五節《ごせち》」を舞わせた。

「五節」とは「五節田舞」のことであり、それは天武が「上下《かみしも》を斉《ととの》へ和《やわら》げて動无《うごきな》く静かに有らしむるには、礼《らい》と楽《がく》と二つ並べてし平けく長く有るべし」（『続日本紀』天平十五年五月癸卯条）と考えて創作したものであるという。聖武はその「五節」を阿倍に学ばせることで、これを後世に向けて伝承していきたいと元正太上天皇に奏上している。やはり通説がいうように、聖武は天武を皇統の始祖と仰いでいたので、その皇統を受け継ぐ予定の阿倍に天武が作ったという「五節」を舞わせることにより、天武直系としての彼女の地位を確かなものにしようと企てたのであろうか。

だが、単純にそう考えるわけにはいかないと思われる。なぜならば、聖武の奏上に応えて、元正がつぎのように述べているからである。

また今日行ひ賜ふ態《わざ》を見そなはせば、直《ただ》に遊とのみには在らずして、天下《あめのした》の人に君《きみ》臣祖子《おみおやこ》の理《ことわり》を教へ賜ひ趣《おもぶ》け賜ふとに有るらしとなも思《おもお》しめす。

元正は、皇統を受け継ぐべき阿倍が「五節」を舞うことにより、天下に「君臣祖子の理」を教化するのに効果があると絶賛している。「君臣祖子の理」は一般に「君臣・親子の間で守られるべき道理」の意味と解されている。

だが、「五節」自体がもともと「君臣祖子の理」の教化を目的に作られたのではなく、それが阿倍皇太子によって舞われることによって、「君臣祖子の理」の教化に役立つと見なされていたことに留意する必要がある。「君臣祖子の理」とは抽象的な事柄を指すのではなく、皇太子阿倍自身の立場に即して理解すべきであろう。

とすれば、「祖子の理」とは、文武皇統を受け継ぐ予定の阿倍とその「皇嗣」と予定されている塩焼の属する新田部系とが、天武という共通の「祖」をいただく「子」（子孫）として、互いに連帯と融和を深めていくべきであるとする道理と考えられる。他方「君臣の理」とは、それにも拘わらず、阿倍と新田部系との間には厳然たる君臣関係が横たわっていることも忘れてはならないという考えと見なすことができよう。後年、孝謙太上天皇となった阿倍は、当時新田部系に代わり皇統再建に起用された舎人《とねり》系の淳《じゅんにん》仁天皇をはっきり臣下と位置づけている。後述するように、そのなかに「君臣の理に従ひて」という文言が登場することが注目されよう（『続日本紀』天平宝字八〈七六四〉年十月壬申条）。

以上見てきたように、聖武が曾祖父天武の存在を持ち出してきたのは、彼がたんに天武を皇統の始祖として仰いでいたからではなかった。聖武としては文武を起点とする皇統の再建に向けて、この時は新田部系との連帯と融和（「祖子の理」）が不可欠だったので、そのような意識を宣揚するためにも新田部系との共通祖である天武とその王権を生み出した壬申の乱の記憶を呼び醒まそうとしたにすぎないと思われる。ただ、聖武としては、時に応じて自身の系統と新田部系とが連帯と融和を深めるとしても、それは皇統の再建に向けて必要な戦略的な行為と見なしていたのであって、あくまで聖武とその系統こそが主人であり、新田部系がそれに仕える立場にあると認識していたこと（「君臣の理」）を見逃してはならない。

盧舎那仏造立の意義

以上のように、聖武による東国行幸が文武皇統の再建に向けての一大デモンストレーションだったとすると、それを前提にして行われた盧舎那仏造立という事業も、文武を始祖とする皇統の再建と無関係ではなかったことになる。盧舎那仏の巨像を造立することが、どうして皇統再建につながるというのであろうか。

これについては、『続日本紀』天平十五（七四三）年十月辛巳条に見える有名な「盧舎那仏（大仏）造立の詔」が参考になる。聖武はそのなかで「夫《そ》れ、天下の富を有《たも》つは朕なり。天下の勢を有つは朕なり」といい、「天下の富」（経済力）と「天下の勢」（政治権力）を併せ持つ天皇である彼の力をもってすれば、巨大な盧舎那仏を造ることなど容易《たやす》いといい放っている。しかし、それでは「心至り難し」であるので、盧舎那仏を造ることでそれを「広く法界に及して朕が智識とす」とあるように、彼自身が呼び掛け人となって大仏造立のための大規模な「知識」を結成し、それに結集した人びとが自発的に差し出した物資や労力という「知識」を投入して、類のない巨大な盧舎那仏造立という「知識」を完成させるという壮大なビジョンを示したのである。

このように聖武が、律令国家の行政機構に依存することなく、「知識」の力のみによって盧舎那仏を完成させることができれば、彼が律令国家の頂点に君臨する一般の天皇とは違う、それを超えた特別な天皇であることが証明されることになる。聖武がどのような意味で特別な天皇であるかといえば、それは彼が文武皇統の正当な継承者であり、そして今、その皇統を再建するという特殊な立場にあることに尽きる。

とすれば、巨大な盧舎那仏こそは、聖武によって再建されようとしている皇統の権威と正当性の象徴ともいうべきモニュメントであり、それはいい換えれば皇統再建のシンボル、または皇統再建の守護神ということになるであろう。

結局、聖武は紫香楽《しがらき》における盧舎那仏の造立を断念せざるをえなかったのであるが、七四七（天平十九）年以降、平城京の東に隣接する場所で盧舎那仏造立は再開されることになる。そこは金鐘山房《こんしゅ》（金鐘寺）の所在地であった。この寺院が、かつて文武皇統を受け継ぐはずであった聖武の幼い皇太子の菩提寺であったことを思えば、やはり盧舎那仏が聖武による皇統再建の守護神として造立されたことは明らかであろう。

遺詔――聖武の到達点

皇統再建の暗雲

七四二（天平十四）年、聖武の皇統再建の構想は早くも破綻を来すことになった。『続日本紀』天平十四年十月癸未条には、

従四位下塩焼王《しおやきのおおきみ》、幷《あわ》せて女孺《にょじゅ》四人を禁《いまし》めて、平城獄《ならのひとや》に下す。

と見え、さらに『続日本紀』同年同月戊子条によれば、

塩焼王を伊豆国三嶋に配流《はいる》す。子部宿禰小宅女《こべのすくねおやけめ》を上総《かずさ》国。下村主白女《しものすぐりしろめ》を常陸《ひたち》国。川《かわ》辺朝臣東女《べのあそみあずまめ》を佐渡《さど》国。名草直高根女《なくさのあたいたかねめ》を隠伎《おき》国。春日朝臣家継女《かすがのあそみやかつぐめ》を土佐《とさ》国。

とあって、塩焼王は「女嬬」と呼ばれる若い女官らと何らかの罪を犯し、伊豆国の三嶋に流罪となってしまったのである。彼がいかなる犯罪に関わったのか、史料は一切沈黙して

いる。だが、『延喜式《えんぎしき》』刑部省《ぎょうぶしょう》によると伊豆への流罪は遠流《おんる》（京から伊豆への距離は七七〇里、一里は約五四〇㍍）であるから、その罪が決して軽微なものでなかったことは確かである。

塩焼は三年後の七四五（天平十七）年四月に入京を許され、翌年閏九月には正《しょう》四位下《しいのげ》の本位に復帰している。しかし、この事件によって彼が阿倍のつぎの天皇の座を失ったことは確実であろう。ここに聖武の皇統再建計画は頓挫してしまったのである。塩焼の事件は、彼に皇統の将来を託そうとしていた聖武にとって、これ以上の手痛い裏切りはなかったであろう。聖武が終生にわたって塩焼の無礼を責め続けた理由は、この点にあったと見て間違いなかろう。

聖武がこれによって受けた衝撃は決して小さくなかった。これ以後、彼が死去する七五六年までのおよそ十四年にわたり、阿倍の次期天皇について明言しなかったのもその後遺症ではないかと考えられる。

「然も猶、皇嗣立つること無し」

この点に関しては、つぎの『続日本紀』天平宝字元（七五七）年七月庚戌条が参考となる。詳しくは後述するが、橘《たちばなの》奈良麻呂《ならまろ》らのクーデター未遂事件において、クーデター計画への関与を疑われた佐伯全成《さえきのまたなり》の取り調べ調書のなかに以下のような証言が見える。

> 去《い》ぬる天平十七年、先帝陛下、難波に行幸したまひしとき、寝膳《しんぜん》、宜《よろ》しきに乖《そむ》けり。
> 時に奈良麻呂、全成に謂《かた》りて曰はく、「陛下、枕席《しんせき》安からず、殆《ほとほ》と大漸《だいぜん》に至らむとす。
> 然《しか》も猶《なお》、皇嗣立つること無し。恐るらくは、変有らむか。願はくは、多治比国人《たじひのくにひと》・多治比犢養《こうしかい》・小野東人を率ゐて、黄文《きふみ》を立てて君とし、以て百姓《ひゃくせい》の望に答へむことを。
> 大伴・佐伯の族《うがら》、この挙に随はば、前に敵無からむ。……」

これによれば、七四五（天平十七）年九月、聖武が難波宮《なにわのみや》で重態に陥った時、奈良麻呂が全成に「然も猶、皇嗣立つること無し」といい、天下大乱となる前に決起し、政権を奪取しようではないかと話を持ちかけたという。この「然も猶、皇嗣立つること無し」とは、阿倍を皇太子として認めない立場のあったことの証拠として引用されることが多い。すなわち、阿倍が未婚の女性であり、あるいは藤原氏の血を引くとの理由により、奈良麻呂のように彼女を皇太子として否定する貴族たちが少なからずいたというのである。

しかし、この発言のあった時点で阿倍の皇太子在位はすでに七年におよんでおり、彼女の立太子当時ならばいざ知らず、皇太子としての彼女を否認する貴族が多数派であったとは考えがたい。また、奈良麻呂は聖武の重臣橘諸兄《もろえ》の息子であるから、聖武による皇統再建の構想にまったく理解がなかったとはいえない。むしろ、彼は余人よりも聖武の皇統再建を理解し、それに対して期するものがあったのではないだろうか。

とすれば、彼のいう「然も猶、皇嗣立つること無し」の「皇嗣」とは、当時皇太子の地位にあった阿倍ではなく、彼女のつぎの天皇になるべき人物を指していると考えるべきであろう。七四二（天平十四）年に塩焼が阿倍の次期天皇の資格を失っているにも拘わらず、彼に代わるべき「皇嗣」が立てられていないことに、奈良麻呂としては憂慮を募らせていたと見なすことができよう。奈良麻呂としては阿倍の即位自体に否定的だったわけではなく、早い段階から彼女の次期天皇を誰にするかに大きな関心を寄せていたのである。

このように、聖武は七四二年の塩焼失脚以後、皇統再建について明言を避けるようになってしまったのである。塩焼の裏切りから受けた衝撃がそれほど大きかったということであろうが、皇統再建の守護神たる盧舎那仏の造立が営々と継続されていることからいっても、聖武は決して皇統再建自体を放擲《ほうてき》してしまったわけではないと見られる。

聖武出家の意義

七四九（天平勝宝元）年正月、聖武は行基《ぎようき》を導師として出家を遂げた。在位中の天皇が出家したのはこれが最初で唯一の例であり、しかも、その後しばらく皇位にとどまったというのも異例に属する。これ以後、天皇が出家したことにより退位に追い込まれたり、あるいは譲位して太上天皇（上皇）となった後に出家して法皇となった例はあるが、聖武のように天皇の身分のまま出家し、その後半年ほど在位した例はない。

聖武以前に古人大兄王子《ふるひとのおおえのみこ》や大海人王子《おおあまのみこ》（天武天皇）といった有力な王族が、権力闘争から身を守るために出家を選んだことがあったが、聖武の出家はこれらとは明らかに一線を画するものである。聖武がこのような地位を獲得できたのは、ひとえに盧舎那仏を造立したことによると認識されていたようである。聖武が出家したのは、皇統の守護神たる盧舎那仏造立という巨大な「知識」の中核にあり続けた彼としては当然の帰結であったと考えられる。このような仏教的大事業の遂行を通じて国家機構の頂点に位置する天皇を凌駕《りょうが》した境地にあることの自己表現が出家であったといえよう。

同年閏五月、聖武は「太上天皇沙弥勝満《だじょうてんのうしゃみしょうまん》」と自称している。彼が譲位するのはこれより二ヵ月後のことであるが、「知識」の力を結集して巨大な盧舎那仏を完成させようとしていることからすれば（その完成は七五二〈天平勝宝四〉年四月）、すでに天皇を超越した境地に達しているとして「太上天皇」と名乗ったと考えてよいのではないだろうか。

孝謙即位と紫微中台の発足

聖武が阿倍皇太子に皇位を譲ったのは、この年の七月のことであった。『続日本紀』天平勝宝元（七四九）年七月甲午条に見える聖武譲位の宣《せん》命《みょう》には、

平城《なら》の宮に御宇《あめのしたしらしめ》しし天皇の詔《の》りたまひしく、「挂《か》けまくも畏《かしこ》き近江大津の宮に御宇しし天皇の改《かわ》るましじき常《つね》の典《のり》と初め賜ひ定め賜ひつる法《のり》の随《まにま》に、斯《こ》の天つ日《ひ》嗣《つぎ》高御《たかみ》座《くら》の業《わざ》は、御命《おおみこと》に坐《いま》せ、いや嗣《つぎ》になが御命《みこと》聞こし看《み》せ」と勅《の》りたまふ御命を畏《かしこ》じ物受け賜はりまして、食国天下《おすくにあめのした》を恵《うつくし》び賜ひ治め賜ふ間に、……

とあって、天智大王が制定したという「不改常典」が久々に登場する。孝謙もまた、聖武と同様に天智制定の法によって保証される文武の権威や正当性を受け継ぐ存在と認識されていたのである。文武皇統は聖武をへて孝謙に受け継がれたといってよいであろう。ただ、次にそれを受け継ぐ者は聖武・孝謙父娘から見れば傍系から、しかも聖武の娘婿から選ぶというのが既往の方針とされていたのだが、七四二年の塩焼王の失脚以来、孝謙の次期天皇候補の名はいまだ公表されていなかったのである。

聖武譲位、孝謙即位に伴って皇后宮職《こうごうぐうしき》（光明皇后のための家政機関）が拡大・改組されて紫微中台《しびちゅうだい》が成立した。その長官（当初は紫微令《しびれい》）には光明子の甥にあたる藤原仲麻呂（後

の恵美押勝《えみのおしかつ》）が抜擢されることになる。この時点で聖武は「太上天皇沙弥勝満」として、すでに天皇を超越した存在になっていた。そのため、文武皇統を受け継いだ孝謙を専属でサポートする者が必要になったわけで、光明皇太后がその任にあたることになったのであろう。紫微中台は彼女のそのような政治活動を支える機関として創設されたと見られる。

聖武太上天皇のもと、孝謙の執政を光明皇太后が後見・輔佐する体制がここに発足したということができよう。光明子が聖武を差し置いて紫微中台を拠点に権力を行使したと見ることはできないと思われる。

聖武による釦の掛け違え

聖武の死は七五六（天平勝宝八）年五月に訪れる。彼は遺詔により、新田部親王《にいたべのみこ》の息子であり、あの塩焼王の弟である道祖王《ふなどのおおきみ》を孝謙の皇太子に指名した。聖武がかつて、孝謙の次期天皇には娘婿を立て、それによって皇統再建をはかろうとしていたことからすれば、この決定には疑問が残る。道祖は聖武の娘の誰とも配偶関係がなかったからである。娘婿ということであれば、塩焼は失格としても、この時点で井上内親王《いのえのひめみこ》の婿として白壁王《しらかべのおおきみ》がいた。彼を孝謙の「皇嗣」に据えてもよかったはずである。

それにも拘わらず、白壁がこの時指名されなかったのは、あるいは白壁・井上夫妻にまだ息子がいなかったためであろうか。先に他戸王《おさべのおおきみ》の誕生年については七五一年説と七六一年説とがあり、後者であれば井上四十五歳時の出産となり、考えにくいと述べた。だが、聖武が遺詔により娘婿である白壁を「皇嗣」に指名しなかった理由を考えると、後者も可能性としては保留しておくべきであろう。

しかし、聖武が塩焼の弟道祖を「皇嗣」に決めたのは、最後の最後まで、藤原氏と血縁関係の深い新田部系に固執したためと考えられる。この点、光明子の強力な後押しがあったことも否定しがたいが、文武皇統は藤原氏の娘を母とする皇子によって継承されるという原則は、聖武のなかでなお脈々と生きていたのであろう。あるいは聖武とすれば、塩焼・不破夫妻にすでに生まれていた志計志麻呂《しけしまろ》（七四九年誕生か）の「中継ぎ」役として、その叔父にあたる道祖の即位を考えたのかもしれない。

だが、この決定の最大の問題点は、聖武が新田部系に固執するあまりに、孝謙の次期天皇は聖武の娘婿という皇統再建の原則を、聖武みずからが放棄してしまったことである。ただ、平安初期に薬師寺の僧景戒《きょうかい》によって編まれた仏教説話集『日本霊異記《にほんりょういき》』下巻第三十八縁には、

諾楽宮《ならのみや》に二十五年天下治めたまひし勝宝応真《しょうほうおうしん》聖武太上天皇、大納言藤原朝臣仲麿を

召して、御前に居《す》ゑて詔してのたまはく、「朕が子阿倍内親王と道祖親王と、二人を以ちて天下を治めしめむと欲《おも》ふ。是の語《ことば》を云何《いか》にせむ。宜しく受くやいなや」とのたまふ。

とあって、孝謙と道祖が一対の存在とされ、あたかも夫婦関係にあったかのように認識されていることが注意を引く。その意味でいえば、道祖は聖武の娘婿に準ずる存在と見なされていたのかもしれない。だが、道祖が皇太子に立てられたことによって、孝謙の次の天皇に聖武の娘との実際の配偶関係が問われなくなったわけで、この釦《ボタン》の掛け違えが、その後の皇位継承をめぐる紛争発生の一因となるのである。

草壁皇統意識の誕生

奈良麻呂の変——「皇嗣」をめぐる暗闘

道祖皇太子を廃す

七五七（天平宝字元）年三月、孝謙天皇は突如、聖武太上天皇の遺詔を群臣に示して道祖《ふなど》皇太子を廃するか否かを諮問した。『続日本紀』天平宝字元年三月丁丑条によれば、その理由はつぎのとおり。

皇太子道祖王、身は諒闇《りょうあん》に居《お》りて、志、淫縦《いんしょう》に在り。教勅を加ふと雖《いえど》も、曾《かつ》て改め悔ゆること无《な》し。

道祖が、聖武の服喪期間であるにも拘わらず「志、淫縦に在り」とは、『続日本紀』同年四月辛巳条によると、「私《ひそか》に侍童《じどう》に通して先帝に恭《うやうや》しきこと無し」がそれにあたるようである。道祖には同性愛の性癖があったようで、この点が、皇統護持のために「不婚」を強いられた孝謙にとっては、まったく理解を越えた、淫らで汚らわしいものに映ったのであろう。また、孝謙の後継たる者は聖武の娘婿、この場合、孝謙の擬似配偶者とされていたはずであるから、彼女にとって道祖の性向は余計おぞましいものに見えたに違いない。

ところで、群臣らは孝謙の諮問に対し、「敢《あ》へて顧命の旨に乖《そむ》き違《たが》はじ」と答えたという。「顧命」とは天皇（この場合、聖武）の遺詔を指す。

「顧命」とは何か

孝謙は聖武の遺詔を示して群臣らに諮問し、そして群臣らは聖武の遺詔を奉じて道祖の廃太子に同意したというから、ここで取り上げられている遺詔が、道祖立太子を命じた聖武臨終のさいの遺詔と違うことは明らかである。それは、かつて聖武が自分の亡き後のことを想定して孝謙らに語った言葉を指していると考えられよう。

これについては、『続日本紀』天平宝字八（七六四）年十月壬申条に見える「天下《あめのした》は朕《わ》が子いましに授け給ふ。事をし云はば、王《おおきみ》を奴《やつこ》と成すとも、奴を王と云ふとも、汝《いまし》の為《せ》むまにまに。仮令《たとい》後に帝と立ちて在る人い、立ちの後に汝のために无礼《いやなく》して従はず、なめく在らむ人をば帝の位に置くことは得ずあれ。また君臣《きみおみ》の理《ことわり》に従ひて、貞《ただ》しく浄き心を以て助け奉侍《つかえまつ》らむし帝と在ることは得む」という聖武の言葉がそれに該当するであろう。同じ内容は『続日本紀』神護景雲《じんごけいうん》三（七六九）年十月乙未朔条にも見えて、そこでは聖武が「朕が立てて在る人と云ふとも、汝が心に能《よ》からずと知り目に見てむ人をば改めて立てむ事は心のまにまにせよ」と語ったとされている。

要するに、聖武は生前孝謙に対して、彼女には皇統を受け継ぐべき皇太子や天皇を選び、審査する権限があたえられているという主旨のことを繰り返し告げていたのである。さらに、一度皇太子や天皇として擁立した者であっても、その後の彼女の審査によってふさわしくないと判断された場合には容赦なく廃位してよいとも語っていたことになる。

これらの権限は、孝謙が文武皇統の正当な継承者だからこそ許されていると認識されていたようである。道祖は結局、このような内容の遺詔を奉じた孝謙の判断によって、皇太子失格を宣告されてしまったのである。

大炊王の立太子

そして早くも翌月、道祖王に代わる新しい皇太子の選定会議が開かれた。『続日本紀』天平宝字元年四月辛巳条によれば、孝謙が「誰《いずれ》の王を立てて皇嗣とすべけむ」と諮問すると、群臣からは道祖王の兄塩焼王、池田王《いけだのおおきみ》（舎人親《とねりのみ》王《こ》の息子）らの名が挙げられたが、それに対して孝謙はつぎのように述べたという。

宗室の中、舎人・新田部の両《ふたり》の親王《みこ》は、是れ尤《もと》も長なり。茲《これ》に因りて、前《さき》に道祖王を立てしかども、勅教に順《したが》はずして遂に淫《みだら》なる志を縦《ほしきまま》にせり。然《しか》れば、舎人親王の子

> の中より択《えら》ふべし。然れども、船王《ふねのおおきみ》は閨房《けいぼう》修まらず。池田王は孝行闕《か》くること有り。塩焼王は太上天皇責めたまふに無礼を以てせり。唯《ひとり》、大炊王《おおいのおおきみ》、未《いま》だ長壮にあらずと雖《いえど》も、過悪《かあく》を聞かず。この王を立てむと欲《おも》ふ。

孝謙はまず、皇太子は舎人親王と新田部親王《にいたべのみこ》の子孫から選ぶべきであるという大枠を示した。それは、聖武がかつて新田部系から塩焼、次いで道祖を「皇嗣」に選んだことからも分かるように、舎人・新田部の二人が、かつて文武皇統の護持という特命を託された人物であったために、彼らの子孫は皇統再建に優先的に起用される特権があると見なされていたことによるようである。

だが、新田部系は、すでに早く塩焼が失格の烙印を押されており、今回また道祖も不適格として排除された。それならば、舎人系から選ぼうというのだが、船王・池田王ともに問題ありということで除外され、結局「未だ長壮にあらずと雖も、過悪を聞かず」という、可もなく不可もなし

図7　舎人系略系図

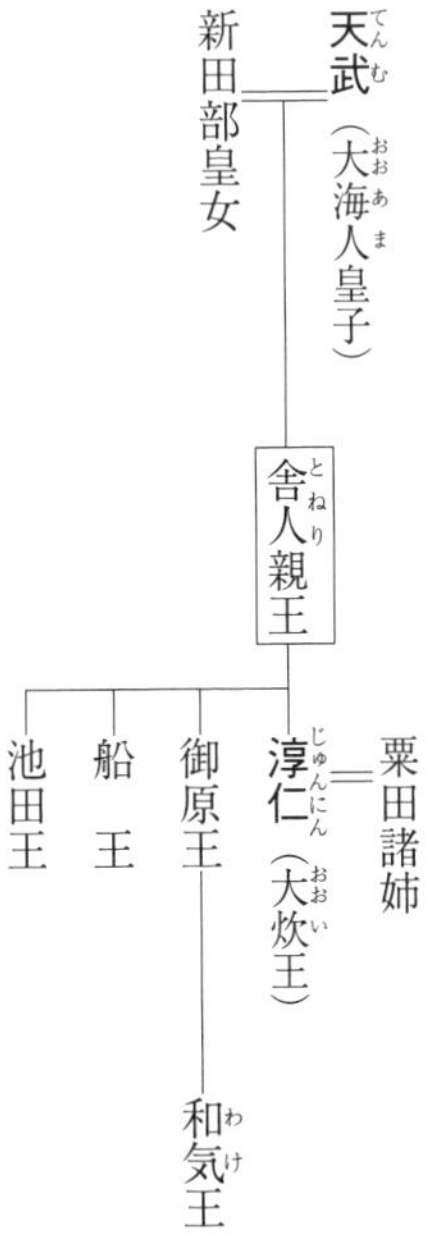

といった極めて消極的な理由により、大炊王が新皇太子に決定されたのであった。

大炊は孝謙の擬似配偶者

大炊は光明皇太后の甥である藤原仲麻呂の庇護のもとにあった皇族で、仲麻呂の亡くなった息子真従《まより》の妻だった粟田諸姉《あわたのもろね》と結婚し、当時は仲麻呂邸に起居していた。大炊を強く推挙したのが仲麻呂であることは明白であり、おそらく光明皇太后もそれに同意したのであろう。彼女は聖武の譲位後、仲麻呂が長官を務める紫微中台《しびちゅうだい》を拠点にして娘孝謙の政治を輔佐する立場にあったから、この時も仲麻呂の進言を容れて大炊を孝謙に推薦したのではないかと見られる。

ただ、いくら光明子や仲麻呂らの後押しがあったとしても、それだけでは大炊が孝謙の「皇嗣」に選ばれることはなかったはずである。「皇嗣」にふさわしい条件が彼に備わっていなければならなかった。『続日本紀』天平宝字三（七五九）年六月庚戌条によると、光明子は大炊のことを「吾が子」と呼んでいる。また、同条によれば、大炊は「前の聖武天皇の皇太子と定め賜ひて」と見える。彼は孝謙でなくあくまで聖武の皇太子と見なされていたのである。要するに、大炊は聖武・光明子夫妻の息子も同然と認定されていた。

さらに、『日本霊異記《にほんりょういき》』下巻第三十八縁には、

また宝字八年十月に、大炊天皇、皇后に賊《う》たれ、天皇の位を擯《や》め、淡路《あわじ》国に退きたま

ふ。

とあって、「大炊天皇」に対して太上天皇である孝謙が「皇后」ととらえられている。これらによれば、大炊は聖武夫妻の擬似息子であると同時に、孝謙の擬制上の配偶者と見なされていたことになる。彼は聖武の娘婿といってよい立場にあった。大炊は舎人親王の息子ということに加え、聖武の娘婿に準ずる立場にあるということで初めて、孝謙の「皇嗣」になることができたと考えられる。

奈良麻呂らの謀議

このように孝謙は、光明子や仲麻呂の意向を受け入れ、新田部系に代えて舎人系から「皇嗣」を擁立した。だが、選ばれた大炊は聖武の娘の誰とも実際の配偶関係がなかった。そのような彼が「皇嗣」となれたのは、一つには聖武が「皇嗣」とした道祖も厳密な意味で聖武の娘婿ではなかったからであろう。聖武が定めた「皇嗣」が「皇嗣」たる十分な条件を備えてはいなかったのだから、それに代わるべき人物も、聖武の娘との配偶関係を厳密に問う必要はないと判断されたのであろう。

しかし、橘奈良麻呂《たちばなのならまろ》は、光明皇太后の了解や後押しがあるとはいいながら、皇太子の交替劇がすべて仲麻呂の専断によるものであり、それによって聖武の意向が踏み躙《にじ》られたと考えたようである。「然《しか》も猶《なお》、皇嗣立つること無し」という奈良麻呂の言葉からも窺えるように、彼は七四二（天平十四）年に塩焼が「皇嗣」として失脚した後、聖武が孝謙の「皇嗣」について明言しないことに憂慮を募らせていた。彼は聖武に万一のことがあった場合、皇統を受け継ぐ正当な天皇を擁立するには武力の発動も辞すべきではないという考えを固めつつあったと見られる。

『続日本紀』の叙述によれば、奈良麻呂は早くから従兄弟にあたる藤原仲麻呂に敵愾《てきがい》心を燃やし、事あるごとに権力奪取の機会を窺っていたかのように描かれている。しかし、『続日本紀』に見られる奈良麻呂の変に関する記述は、彼を弾圧して政権を維持・強化した仲麻呂のサイドからの改変や誇張が加えられたものである。『続日本紀』の奈良麻呂像を鵜呑みにしてはならないと思われる。

そのような問題のある『続日本紀』の記すところによれば、奈良麻呂は同志を糾合して挙兵に踏み切り、①仲麻呂の殺害、②大炊皇太子の廃位、③光明皇太后の幽閉（その権力執行の停止）、④藤原豊成《とよなり》（仲麻呂の兄）を首班とした政権樹立、⑤孝謙の廃位、そして四王（塩焼・道祖・安宿《あすかべ》・黄文《きぶみ》）からの新天皇擁立を計画していたという。奈良麻呂は、聖武によって「皇嗣」とされた経歴のある新田部系の塩焼・道祖の復権を企てていたことになる。それは、武力を背景にして聖武の基本構想に回帰することをめざすものであったといえよう。

さらに、奈良麻呂が高市《たけち》系ともいうべき安宿・黄文の二王（長屋王《ながやのおおきみ》の息子）も天皇擁立の候補に加えたのは、彼ら二人が光明皇太后の甥であり、奈良麻呂の従兄弟でもあったからと見られる（仲麻呂は光明子の兄弟の息子、奈良麻呂や安宿・黄文らは彼女の姉妹の息子）。すなわち、聖武の実際の娘婿でなく、所詮仲麻呂の娘婿的な存在にすぎない大炊に較べれば、安宿・黄文のほうがはるかに「皇嗣」としてふさわしい、と奈良麻呂が考えたのも無理からぬことであった。

道祖「杖下に死す」

だが、奈良麻呂らの計画は複数の密告によって、脆くも瓦解することになる。七五七（天平宝字元）年六月九日、仲麻呂が早くも戒厳令を施行したのは、大伴《おおともの》堺麻呂《さかいまろ》による通報を受けてのことであった。二十八日には山背王《やましろのおおきみ》（長屋王の息子）が奈良麻呂らの挙兵計画を仲麻呂に通報している。

七月二日、相次ぐ密告を受けて、光明皇太后は右大臣以下の重臣らを召して、計画に加担することがないよう自重をうながした。その日の夕刻、上道《かみつみちの》斐太都《ひたつ》が同日夜半に計画が決行されることを仲麻呂に密告した。仲麻呂は直ちに計画に加わったという小野《おのの》東人《あずまひと》と答本《たほの》忠節《ちゅうせつ》を逮捕、さらに道祖王邸を包囲して、その身柄を拘束したのである。

翌三日に小野東人への尋問が開始されたが、東人は頑強に無実を主張した。この日、孝謙と光明皇太后が塩焼・安宿・黄文・橘奈良麻呂・大伴古麻呂《こまろ》らを御在所に召し、挙兵を自重すべきことを呼び掛けた。五人は感謝して帰途についたという。

四日、小野東人がついに自供を開始する。これにより計画の全貌が明らかになり、安宿・奈良麻呂らが逮捕されるに至った。彼らには厳しい拷問を伴った取り調べが待ち受けていた。そして、十日までに事件は落着を迎える。以上が、橘奈良麻呂の変と呼ばれるクーデター未遂事件である。

奈良麻呂らへの制裁は凄まじいものがあった。孝謙とすれば、彼女が決めた大炊皇太子ばかりか彼女自身をも武力で否定しようとした勢力を徹底的に粉砕せずにはおかないと考えたのであろう。奈良麻呂らの計画は、彼女が父聖武から引き継いだ皇統とその再建構想への身の程をわきまえぬ挑戦としか映らなかったに違いない。だが、皮肉なことに、孝謙がこの事件を通じて守り抜いた大炊皇太子は、数年後、彼女自身の手で廃されることになる。その時に彼女が取った、武力を背景に廃位を強行するという方法は、おそらくこの奈良麻呂らの計画から学んだのではないだろうか。

道祖・黄文の最期は「杖下《じょうか》に死す」と記され、凄惨極まりない取り調べの過程で撲殺されたのである。かつて一度は「皇嗣」だった者の最期とは思えない凄絶さであろう。安宿は妻子とともに佐渡《さど》国配流となった。首謀者の奈良麻呂への処罰については何の記述もないが、おそらく道祖や黄文と同じ運命をたどったものと思われる。

塩焼の「再出発」

だが、塩焼のみは一切の処罰を免れた。『続日本紀』天平宝字元年七月癸酉条にはつぎのように見える。

詔して曰はく、「塩焼王は唯《ただ》四王の列に預れり。然《しか》るに謀れる庭《ところ》に会《まじ》らず、亦告げらえねども、道祖王に縁《かか》れれば遠流罪に配《おさ》むべし。然れども其の父新田部親王は清き明《あか》き心を以て仕へ奉《まつ》れる親王なり。其《そ》の家門絶つべしやとしてなも、此般《このたび》の罪免《ゆる》し給ふ。今より往く前《さき》は明き直《なお》き心を以て朝廷《みかど》に仕へ奉れと詔り《の》たまふ」とのたまふ。

塩焼は奈良麻呂らに担がれようとしただけで、謀議にも加わっていないことに加え、何よりも亡父新田部親王の忠誠に免じて、容疑を不問に付すというのである。また、彼が聖武の娘婿であることも情状酌量の理由となったに違いない。この直後、塩焼は氷上真人《ひかみのまひと》の姓を賜わって臣籍に降下した。かつて聖武によって「皇嗣」に擬された彼も皇位継承権を失い、ここに氷上真人塩焼という貴族として「再出発」することになったのである。

だが、この「再出発」の足枷《あしかせ》となったのが、ほかならぬ氷上のウジナであったと思われる。氷上は丹波《たんば》国氷上郡氷上郷に由来するものであるが、それは新田部の母五百重娘《いおえのいらつめ》の同母姉である氷上娘《ひかみのいらつめ》を連想させる。いうまでもなく氷上娘・五百重娘姉妹は藤原氏の始祖鎌足の娘である。そして、聖武がかつて塩焼・道祖の兄弟を「皇嗣」に選んだのは、彼らの家系に流れる藤原の血を評価してのことであった。だが、「皇嗣」とされたがために道祖は権力闘争に巻き込まれ落命し、塩焼はいわば九死に一生を得た。

それを考えると、塩焼が藤原氏との繋がりを象徴する氷上のウジナを含む姓を選んだことは、彼が忌むべき前半生と肝心なところで絶縁できていないことを示すものであったといえよう。藤原氏とくに仲麻呂との縁が、塩焼をやがて奈落の底に突き落とすことになるのである。

淳仁の即位事情

七五八（天平宝字二）年八月、大炊皇太子は孝謙天皇から譲りを受けて即位した。淳仁天皇の誕生である。時に二十五歳であった。

淳仁の微妙な立場

淳仁にはなぜか皇后が立てられていない。藤原仲麻呂の息子の妻だった粟田諸姉《あわたのもろね》がいたはずだが、彼女を皇后に立てようという動きはついに見られなかった。また、淳仁の場合、即位に伴う改元も行われていない。これらの点から見るならば、淳仁は天皇としては一人前と認識されていなかったように思われる。

さらにいえば、孝謙は譲位宣命《せんみよう》（『続日本紀』天平宝字二年八月庚子朔条）において、今後は母に孝養を尽くすために譲位することにしたと述べているが、それに続く淳仁の即位宣命には例の「不改常典《ふかいじょうてん》」が見えない。「不改常典」は、文武皇統の正当な継承者である証しともいうべきものであるから、即位にあたってそれへの言及がないということは、淳仁がこの段階において、少なくとも皇統を正しく受け継ぐ天皇とは認知されていなかったことになる。

確かに淳仁は皇位を継承したが、厳密な意味で孝謙の後継天皇たりうる資格を満たしてはいなかった。すなわち、彼はあくまで聖武の娘婿に準ずる立場にあったにすぎず、正真正銘の聖武の娘婿ではなかった。そのため、聖武の遺詔を奉ずる孝謙にしてみれば、淳仁が天皇として、とくに皇統を受け継ぐ天皇として本当にふさわしいかどうかについて、なお審査を必要とすると考えていたようである。

もちろん、その審査期間中に淳仁は孝謙の後継者としてふさわしい資格を身に付けていくわけであるが、孝謙による最終的な承認が下った時に初めて、淳仁は晴れて正式な天皇として認知されるという立場にあったといえよう。淳仁に皇后が立てられ、そして彼独自の年号が立てられるのは、すべてそれ以後の話と見なされていたはずである。

「岡宮御宇天皇」の誕生

淳仁即位に伴って、太上天皇となった孝謙には「宝字称徳孝謙皇帝《ほうじしょうとくこうけんこうてい》」の尊号、太皇太后となった光明子には「天平応真仁正皇太后《てんぴょうおうしんにんしょうこうたいごう》」という尊号がたてまつられた。さらに、亡き聖武にも「勝宝感神聖武皇帝《しょうほうかんしんしょうむこうてい》」の尊号と「天璽国押開豊桜彦尊《あめしるしくにおしはらきとよさくらひこのみこと》」という諡号が献呈された。そして、『続日本紀』天平宝字二年八月戊申条には、

また、勅したまはく、「日並知皇子命《ひなみしのみこのみこと》は、天下《あめのした》に天皇《すめらみこと》と称さず。尊号を追崇するは古今の恒典なり。今より以後、岡宮《おかのみや》に御宇《あめのしたしらしめ》しし天皇と称《たた》へ奉《まつ》るべし」とのたまふ。

とあり、六八九年に死去した草壁皇子《くさかべのみこ》（孝謙の曾祖父）に対して、没後およそ七十年目に天皇としての尊号がたてまつられることになった。草壁はすでに早く、七〇七（慶雲《けいうん》四）年にその薨日《こうじつ》が「国忌《こき》」とされ、命日だけは天皇に準ずる扱いを受けていたのだが、それが今回はっきりと歴代の天皇として処遇されることになったのである。それだけではない。それ これを機に彼は、歴代天皇のなかでも特殊な存在として位置づけられるようになる。すなわち、『続日本紀』天平宝字六（七六二）年六月庚戌条には、

……朕が御祖太皇后《みおやおおきさき》の御命《おおみこと》以て朕《われ》に告《の》りたまひしに、岡宮に御宇しし天皇の日継《ひつぎ》は、かくて絶えなむとす。女子《おみなご》の継《つぎ》には在れども嗣がしめむと宣《の》りたまひて、此《こ》の政行ひ

給ひき。……

とある。後述するように、これは孝謙が淳仁から天皇大権を剥奪した時に発した宣命《せんみょう》の一節であるが、そのなかで誇示されている「岡宮に御宇しし天皇の日嗣」とは、草壁を起点（始祖）とした皇統ということにほかならない。草壁を皇統の始祖とするこのような意識は、彼が歴代天皇の一人に加えられた七五八年以前には見られないといってよい。

七五六（天平勝宝八）年六月二十一日、光明子が聖武の七七忌を期して盧舎那仏《るしゃなぶつ》に献じた聖武遺愛の品々のリスト、「国家珍宝帳《こっかちんぽうちょう》」に「黒作懸佩刀《くろつくりのかけはきのたち》」が見える。これは草壁が生前所持していたもので、藤原不比等を介して文武から聖武へと継承された品として有名である。そこでも草壁はたんに「日並皇子《ひなみしのみこ》」とよばれ、皇統の始祖たる天皇ではなく、あくまで皇子たちのなかで特別な存在とされるにとどまっていた。草壁皇統意識は、明らかに淳仁即位を契機として草壁が正式に天皇として認知されたことにより生じたものと考えられる。

また、『続日本紀』天平神護元《てんぴょうじんご》（七六五）年十月癸酉条を見ると、孝謙による紀伊《きい》行幸（後述）のおりに、

檀山陵《まゆみのみささぎ》を過ぐるときに、陪従の百官に詔して、悉《ことごと》く下馬せしめて、儀衛にその旗幟《はた》

を巻かしめたまふ。

と見える。「檀山陵」とは真弓丘《まゆみのおか》にあったという草壁の墓である。「陵」とあるように、それは天皇の墳墓として認識されていた。孝謙はこの時、曾祖父草壁に対し最大限の敬意を表明するように随従者たちに強制している。この時すでに、孝謙が文武に代わり草壁を自身の皇統の始祖と認識し、それを宣揚しようとしていたことは明らかであろう。

孝謙は父聖武から「不改常典《ふかいじょうてん》」によって皇位を譲り受けたのであり、その意味で文武皇統の唯一正当な後継者として即位したはずである。それなのに、彼女が淳仁即位に伴って皇統の始祖を文武から草壁に変更したのは一体どうしてであろうか。

草壁が皇統の始祖とされた理由

すでに述べたように、淳仁は皇位を継承したとはいえ、皇統を受け継ぐ天皇としてふさわしいかどうかを孝謙によってなお審査されている立場にあった。その審査基準として最も重要なものは、淳仁が孝謙に対し臣下の礼を取り、絶対的な服従と忠誠を尽くすかという一点であった。それは、かつて聖武が皇統再建を構想するにあたり、新田部系から「皇嗣」として塩焼王を選んだのであるが、天皇である自身と新田部系との間には厳然として「君臣《きみおみ》の理《ことわり》」すなわち主従関係が存在すると認識していたのを継承したものであったと考えられる。他方で聖武は、東国行幸において壬申の乱や天武天皇を想起させるコースを意図的にたどったように、時によっては、天武を共通祖とする新田部系との連帯と融和をはかること（「祖子《おやこ》の理」）も必要と考える柔軟性としたたかさを持ち合わせていたのである。

　孝謙はどちらかといえば「君臣の理」のみを重視する立場を忠実すぎるほど忠実に踏襲していたから、彼女は淳仁や舎人系に対して徹底的に臣下として自身に奉仕することをもとめた。したがって、孝謙とすれば、すべての面にわたり彼女が淳仁の優位に立たねば許さなかったに違いない。ところが、かつて聖武が皇統再建に向けて新田部系との連帯と融和をはかるために持ち出してきた天武の存在を起点にして見るならば、

天武┬草壁―文武―聖武―孝謙
　　└舎人―淳仁

となり、孝謙の皇統の始祖である文武が新天皇淳仁と世代の上では同列に並んでしまう。

　すべてにわたって淳仁と舎人系に対する優越を保ちたい孝謙が、たとえわずかなこととはいいながら、この点を看過できたとは思われない。彼女が、皇統の始祖を文武から一代上の草壁に切り換えたのは、あくまでも自身とその皇統の絶対的優位を確保しようとしたからではないだろうか。

光明子の気遣い

淳仁や舎人系を臣下と見なす孝謙に対し、その母であり政治的な後見・輔佐役でもあった光明子は、娘とはやや異なる考えをもっていた。彼女は、淳仁や舎人系を一方的に臣下と見なし、彼らに服従や奉仕を強要するばかりではなく、聖武が時によっては必要としたように、彼らとの連帯と融和を保つことにも配慮しなければならないと考えていたのである。母娘の考えの相違は、淳仁の亡父舎人親王に天皇としての尊号を献上する一件をめぐり顕在化することになった。

『続日本紀』天平宝字三（七五九）年六月庚戌条によれば、淳仁はこの日、諸司の主典《さかん》以上を内安殿《ないあんでん》に召し、亡父に天皇としての尊号を献ずるに至った経緯について説明を行った。それによれば、まず光明子から淳仁にその内示があり、彼は喜びを抑えがたかったという。早速、太上天皇である孝謙に伺いを立てたところ、彼女は「奏《もう》せ」ということで、光明子につぎのように報答するように示唆したというのである。

朕《われ》一人を昇《あ》げ賜ひ治め賜へる厚き恩をも、朕《わ》が世には酬《むく》い尽し奉《まつ》る事難《かた》し。生みの子の八十《やそ》つぎにし仕へ奉り報ゆべく在るらしと、夜昼恐《かしこ》まり侍《はべ》るを、いや益す益すに朕が私の父母はらからに至るまでに、在るべき状《さま》の任《まにまに》と上げ賜ひ治め賜ふ事甚《いとかしこ》恐し。受け賜はる事得じ。

要するに、淳仁が天皇になれただけでも十分に有り難いことで、その御恩に報いることなど到底できないのだから、ましてや父母や兄弟姉妹にまで御恩を頂戴するのはあまりにも畏れ多いことだといって、丁重に辞退を申し出るべきであろうと、孝謙は懇切に教え諭したというのである。これは皇統を受け継ぐのにふさわしい人物を選び、それを審査する権限をもつ孝謙による淳仁への教諭・訓導ということになろう。

そこで淳仁がそのとおりに光明子に辞退を申し出ると、光明子はつぎのように述べたという。

吾がかく申さず成りなば、敢《あ》へて申す人は在らじ。凡そ人の子の禍《わざわい》を去り、福《さきわい》を蒙らまく欲《ほり》する事は、親の為にとなり。此の大き福を取り惣《す》べ持ちて、親王《みこ》に送り奉れ。

光明子のこの強い要請によって、結局、舎人には「崇《す》道《どう》尽《じん》敬《きょう》皇帝」の尊号が献上されることで一件落着となった。天皇としての尊号を献上するといいながら「皇帝」の称号が用いられているのは、淳仁擁立の最大の功労者である藤原仲麻呂（淳仁から藤原恵《え》美《み》押《おし》勝《かつ》の姓名を賜った）の唐風趣味が反映しているようである。

「君臣の理」と「祖子の理」と

光明子にしてみれば、草壁を「岡宮に御宇しし天皇」として天皇に列したのであるから、ここはあくまでもバランスを取って、淳仁の父舎人にも天皇としての尊号を献じてみてはどうかという配慮を示したわけである。これは光明子が、かつて塩焼や新田部系との連帯と融和をはかることも時に必要とした聖武の考えを受け継いだものといえよう。もちろん、彼女が甥の押勝を支持して淳仁を孝謙の「皇嗣」として推挙したということも関係しているかもしれない。

たとえ皇統を受け継ぐ可能性のある天皇であろうとも、彼に臣下としての絶対的な服従と奉仕を徹底してもとめる孝謙の立場は、かつて聖武が示した「君臣祖子の理」のうちの「君臣の理」だけをあまりにも忠実かつ純粋に受け継いだものといえよう。それに対し光明子は、ややもすれば「祖子の理」に比重を置いていたのであり、孝謙とその後継者たる天皇とが共通の始祖（天武）を戴く同族として連帯と融和を保たなければ皇統は維持できないと考えていたのである。

この尊号献上をめぐる一件により、孝謙にしてみれば皇統を受け継ぐ天皇として妥当かどうか審査中であり、所詮臣下にすぎないと見なしている淳仁に、彼女の親身の教諭が無視された結果になり、しかも、その経緯が貴族層にあからさまに公表されたことによって、彼女のなかに淳仁への不信の念と癒しがたい不快感だけが残ってしまったといえよう。ただ、この一件の経緯からも分かるように、光明子が太皇太后として健在な限りは、彼女が孝謙と淳仁との間を巧みに取り持つことができたので、両者の関係が著しく悪化するということはなかったのである。

ところが、七六〇（天平宝字四）年六月、光明太皇太后が死去したことにより、孝謙と淳仁の関係を調停できる者は誰ひとりいなくなった。恵美押勝ではとても光明子の役割を果たすことはできなかったであろう。

天皇として否認された淳仁

二年後の七六二（天平宝字六）年五月、孝謙と淳仁の関係は早くも決裂することになる。孝謙は前年十月より淳仁とともに近江国の保良宮《ほらのみや》に滞在中だったが、この日（五月二十三日）、突如として淳仁を置き去りにして平城宮に帰ってしまったのである。淳仁も孝謙の跡を追うようにして平城宮に戻ったが、孝謙は平城宮に隣接する法華寺《ほっけじ》（旧藤原不比等邸）に入り、そこで宿願の出家を遂げる。事のきっかけは、淳仁が孝謙による僧道鏡《どうきょう》の信任を批判したことにあった。道鏡は保良宮滞在中に重病に陥った孝謙を救った僧侶で、それ以後、孝謙は彼を重用し始めていたのである。

そして六月三日、孝謙は五位以上を朝堂に集めると、まずは、彼女が「岡宮に御宇しし天皇の日継」すなわち草壁を始祖とする皇統を受け継ぐ正当な天皇であることを誇示した上で、天皇淳仁についてつぎのような評価を下したのである（『続日本紀』天平宝字六年六月庚戌条）。

かく為《し》て今の帝《みかど》と立ててすまひくる間に、うやうやしく相従ふ事は无《な》くして、とひとの仇《あた》の在る言のごとく、言ふましじき辞《こと》も言ひぬ、為《す》ましじき行《わざ》も為《し》ぬ。凡そかくいはるべき朕《われ》には在らず。別宮《ことみや》に御坐坐《おおましま》さむ時、しかえ言はめや。此《こ》は朕が劣《おじな》きに依りてし、かく言ふらしと念《おもお》し召せば、愧《はずか》しみいとほしみなも念す。また一つには朕が菩提心発《おこ》すべき縁に在るらしとなも念す。是《ここ》を以て出家して仏の弟子と成りぬ。但し政事は、常《つね》の祀《まつり》小事は今の帝行ひ給へ。国家の大事賞罰二つの柄《もと》は朕行はむ。

これによれば、孝謙は淳仁即位以来、彼が皇統を受け継ぐ天皇としてふさわしいかどうかを一貫して観察・審査してきたのであるが、今回、彼女に対し「言ふましじき辞も言ひぬ、為ましじき行も為ぬ」という決定的な失態があったので、これを機に彼は皇統を受け継ぐ天皇として失格と宣するに至ったというのである。淳仁から「国家の大事賞罰二つの柄」といわれる天皇大権を奪い、それを今後は孝謙が掌握するというのは、淳仁が皇統を受け継ぐ正当な天皇としては否定されたに等しいといえよう。

この約二年後、孝謙は淳仁を廃位して再び即位（重祚《ちょうそ》）し、称徳天皇になったとされている。だが、実際は七六二年のこの時点で、すでに彼女は「国家の大事賞罰二つの柄」を行使する歴《れっき》とした天皇なのであり、事実上天皇に復帰したと見なしても大過ないと思われる。したがって、以下の叙述では彼女を称徳と呼ぶことにしたい。淳仁は草壁皇統を受け継ぐ予定の天皇として審査を受けていたのであるが、失格を宣告されてしまったことにより、「常の祀小事」のみを管掌するいわば形ばかりの天皇になってしまったのである。

押勝の乱——称徳即位の事情

先に仕掛けたのは称徳

淳仁の擁立に成功した恵美押勝《えみのおしかつ》であったが、七六二（天平宝字六）年に淳仁が天皇として否定されてしまったことに焦り、何とか権力を称徳から奪還しようとして挙兵に踏み切ったのがいわゆる恵美押勝の乱とされている。つまり、押勝のほうが先に手を出したというわけである。従来は、つぎの『続日本紀』天平宝字八（七六四）年九月乙巳条を根拠にそのように考えられてきた。

太師《だいし》藤原恵美朝臣押勝の逆謀、頗《すこぶ》る泄《も》れたり。高野《たかの》天皇、少納言山村王《やまむらのおおきみ》を遣して中宮院《ちゅうぐういん》の鈴・印を収めしむ。押勝これを聞きて、その男訓儒麻呂《くすまろ》をして邀《むか》へて奪はしむ。天皇、授刀少尉坂上苅田麻呂《さかのうえのかりたまろ》・将曹牡鹿嶋足《おしかのしまたり》らを遣して、射て殺さしむ。

押勝また中衛将監矢田部老《やたべのおゆ》を遣して、甲《よろい》を被り馬に騎《の》り、且《また》詔使を劫《おびやか》さしむ。授刀紀船守《きのふなもり》、亦射殺す。

押勝の乱の勃発について述べた記事として有名であるが、冒頭「太師藤原恵美朝臣押勝の逆謀、頗る泄れたり」は、事態の展開を客観的に述べるそれ以下の叙述とは違い、明らかに編纂者の解釈が加わった文章である。これにより、この後の一連の記述を読む者は、押勝に称徳を脅かすような動きがあったので、やむを得ず称徳側が行動を起こしたかのように理解することになる。

だが、この一文を外して考えるならば、先に行動を開始したのはどう見ても称徳なのである。さらに、事件発生以後、彼女の側が終始先手を取って戦いを優勢に進めていることから見ても、実際は押勝でなく称徳のほうが先に仕掛けたと考えるべきである。

淳仁の強制退位

そして、『続日本紀』天平宝字八年十月壬申条にはつぎのように見える。事件発生から二十七日後、この時点で押勝は逃走の果てに琵琶湖畔ですでに討たれている。

高野天皇、兵部卿和気王《わけのおおきみ》・左兵衛督山村王・外衛大将百済王《くだらのこにきし》敬福《きょうふく》らを遣して、兵数百を率ゐて中宮院を囲ましむ。時に帝遽《にわか》にして衣履《えり》に及ばず。使者これを促す。

数輩の侍衛奔散して、人の従ふべきもの無し。僅《わずか》に母家《ぼか》三両人と、歩みて図書寮の西北《いぬい》の地に到りたまふ。

この後、「王《おおきみ》を奴《やつこ》と成すとも、奴を王と云ふとも、汝《いまし》の為《せ》むまにまに」という聖武の遺詔を奉じた称徳の宣命《せんみょう》が淳仁に向かって読み上げられたことになっている。近年中西康裕氏は、押勝の乱に関する『続日本紀』の叙述には大きな改変が加えられていると推論している（「恵美仲麻呂の乱」『続日本紀と奈良朝の政変』所収、吉川弘文館、二〇〇二年）。

それによれば、中宮院における鈴印《れいいん》争奪に関する九月十一日の記述と、押勝誅殺後に淳仁廃位と淡路への追放が宣告されたことを記す十月九日の記事とは、実は同日の出来事を述べたものではないかというのである。それを『続日本紀』の編纂者が押勝の没落をはさみ前後二つの記事に分けたのは、淳仁という傀儡《かいらい》を擁して権力をほしいままにした押勝への批判を強調するためであり、さらには称徳が先に仕掛けて淳仁から権力を奪取したことを隠蔽するためであったという。この中西説は、基本的に首肯できると思われる。

中西説にしたがえば、事件は実際にはつぎのように展開したことになる。すなわち、九月十一日、称徳は突如として和気王・山村王・百済王敬福らに兵数百を率い、淳仁のいる中宮院を包囲させた。この時に淳仁のもとにいた恵美訓儒麻呂（押勝の息子）が激しく抵抗したために坂上苅田麻呂・牡鹿嶋足らによって殺害される。押勝は矢田部老を遣わして抵抗を試みたが、老も紀船守らに討ち取られてしまう。淳仁の身柄拘束に成功した称徳は、彼を図書寮の西北に連行、その廃位を告げる宣命を読み聞かせた。そして、押勝誅殺後の十月九日になって、淳仁は淡路の配所に護送されることになったのである。

「今帝」塩焼の最期

このように、押勝は称徳の先制攻撃を受け、緒戦の段階で彼にとって「玉《ぎょく》」ともいうべき淳仁を失ってしまったのである。平城京を出た彼は当初近江国をめざしたが、先回りをした称徳側の兵により瀬田橋を焼き落とされたため、仕方なく琵琶湖西岸を北上して息子辛加知《からかち》のいる越前国《えちぜん》に向かう。だが、辛加知は称徳の命を受けた兵によって討たれてしまう。

『続日本紀』天平宝字八年九月壬子条に見える押勝の略伝によれば、この時、彼はつぎのような行動を取ったという。

偽りて塩焼を立てて今帝《きんてい》とし、真先《まさき》・朝獦《あさかり》らを皆三品とす。余は各差《しな》有り。

かつて「皇嗣」の座にあった塩焼も、奈良麻呂の変後に臣籍に降下して氷上真人塩焼となり、この頃は従三位《じゅさんみ》を叙され中納言の官にあった。その彼が一体どのような経緯があったのか不明であるが、越前国をめざす押勝と行動をともにしていたのである。これは、氷上というウジナに象徴される藤原氏との血の繋がりが災いしたとしかいいようがない。塩焼が「今帝」すなわち新しい天皇に擁立されたのは、中西氏が指摘するように、淳仁がすでに廃されたことを押勝が知っていたからであろう。にわかなこととはいえ塩焼が「今帝」とされたのは、彼がかつて聖武により「皇嗣」とされた経歴があったためと考えられる。それにしても、押勝が称徳に対抗して擁することのできる皇族は、すでに臣籍に降下した元皇族にすぎない塩焼ぐらいしかいなかったのである。

押勝はその後、愛発関《あらちのせき》を突破して越前国に入ろうとするが、ことごとく失敗し、琵琶湖西岸の高島郡三尾埼《みおのさき》で称徳側の軍勢による猛攻を受け、ついに力尽き討たれてしまう。「今帝」塩焼も押勝とともに湖畔に骸《むくろ》をさらすことになった。かつて聖武の娘婿として「皇嗣」の地位にあった彼は、皮肉なことに逆賊押勝に擁せられた「今帝」として波乱の生涯を閉じた。七一三年の生まれとして、この時五十二歳である。

こうして押勝の乱は終わり、称徳は淳仁を出した舎人系に対する粛清に取り掛かる。淳仁の兄である船親王《ふねのみこ》は諸王に下され隠岐《おき》国へ配流、同じく淳仁の兄池田親王《いけだのみこ》も諸王とされて土佐《とさ》国に配流とされた。淳仁の兄弟である守部王《もりべのおおきみ》・御原王《みはらのおおきみ》、船親王らの子孫は三長真人《みながのまひと》の姓を賜わって丹後《たんご》国に流罪とされた。舎人系はそのほとんどが宮廷から放逐されたのである。

淳仁を武力で廃位し、押勝も武力でねじ伏せて再び正式に天皇となった称徳は、皇統再建に向けて新たに行動を開始することになる。彼女が皇位継承の将来について明確なビジョンなくして、淳仁の強制退位に始まる一連の行動を始めたとは考えられない。

紀伊行幸―舎人系への示威

称徳は淳仁廃位を強行した直後、七六四（天平宝字八）年九月二十日に道鏡を「大臣禅《だいじんぜん》師《じ》」に起用している。「大臣禅師」とは「出家している大臣」のことであり、国王が出家している場合には「出家している大臣」がいて当然であるとして創設された地位である。これにより称徳の将来構想において道鏡が不可欠の存在であることが示されたといえよう。

称徳の描く皇統再建構想の一端を物語るのが、その即位の翌年、七六五（天平神護元）年十月に行われた紀伊《きい》行幸であろう。なぜ行く先が紀伊であったのかは、淡路《あわじ》に追放された淳仁や彼の復帰を望む勢力に対する示威や牽制だったのではないかと見られる。前に見たように、称徳は道中で随従の人々に草壁天皇陵に対して最敬礼を行わせるなど、草壁皇統の権威と正当性を誇示することに努めている。これが舎人系やそれを支持する者に対する示威でなくして何であろうか。ちなみに、行幸のあった同じ十月、淳仁は淡路の配所を脱出しようとして失敗、翌日死去している。享年三十三。明らかに不自然な死である。

さて、『続日本紀』天平神護元年十月辛未条によると、紀伊行幸の陣容はつぎのとおり。

紀伊国に行幸したまふ。正三位諱《いみな》を御前次第司長官《みさきのしだいしのちょうかん》とす。従五位下多治比真人乙麻呂《たじひのまひとおとまろ》を次官。正四位下中臣朝臣清麻呂《なかとみのあそみきよまろ》を御後次第司長官《みあとのしだいしのちょうかん》。従五位下藤原朝臣小黒麻呂《ふじわらのあそみおぐろまろ》を次官。各、判官《はんがん》二人、主典《さかん》二人。正四位下藤原朝臣縄麻呂《ふじわらのあそみなわまろ》を御前騎兵《みさきのきへい》将軍。正五位上阿倍朝臣毛人《あへのあそみえみし》を副将軍。従三位百済王敬福《くだらのこにきしきょうふく》を御後騎兵《みあとのきへい》将軍。従五位下大蔵忌寸麻呂《おおくらのいみきまろ》を副将軍。各、軍監《ぐんかん》三人、軍曹《ぐんそう》三人。

「諱」すなわち白壁王《しらかべのおおきみ》（後の光仁天皇）が「御前次第司長官」を務めていることが注目される。白壁は天智大王の孫であるが、聖武の娘井上内親王《いのえのひめみこ》の夫であり、聖武の娘婿である。その彼が務める「御前次第司長官」は、かつて聖武の東国行幸において、あの塩焼王《しおやきのおおきみ》が果たしたのと同じ役割である。当時、塩焼が聖武の娘婿として「皇嗣」に擬せられていたことを思えば、彼と同じ聖武の娘婿である白壁が、紀伊行幸において同様の役割をあたえられていることは、たんなる偶然ではすまされない。称徳による皇統再建構想のなかで、道鏡だけでなく白壁にも一定の役割があたえられていたと見なければならない。

白壁・井上夫妻への優遇

称徳の皇統再建構想のなかで白壁が重要な位置を占めていたことは間違いない。ただ、それは白壁だけでなく、あくまでその妻井上とのペアとしてだったようである。『続日本紀』神護景雲二（七六八）年十月甲子条によれば、

　左右大臣に大宰《だざい》の綿《わた》各二万屯。大納言諱《いみな》・弓削御浄朝臣清人《ゆげのみきよのあそみきよひと》に各一万屯。従三位文《ふん》屋《やの》真《ま》人《ひと》浄三《じょうさん》に六千屯。中務卿従三位文屋真人大市《おおち》・式部卿従三位石上朝臣宅嗣《いそのかみのあそみやかつぐ》に各四千屯。正四位下伊福部女王《いほきべのおおきみ》に一千屯。新羅《しらぎ》の交関物を買ふ為なり。

とある。「大納言諱」こと白壁は、「新羅の交関物」を購入するための綿一万屯を国庫から支給されている。また、『続日本紀』同年同月庚午条には、

　二品井上内親王に大宰の綿一万屯を賜ふ。

と見え、やはり「新羅の交関物」を買うための綿の支給が井上に対しても行われている。新羅との交易物を購入するために確保された綿八万五千屯のうち、何と約四分の一にあたる二万屯が白壁・井上夫妻に下賜されていることになる。この時期、この夫婦が宮廷における最重要人物として処遇されていたことは確かである。

　なぜ彼ら夫婦がこのように優遇されているのであろうか。考えられるのは、七五一（天

平勝宝三）年、あるいは七六一（天平宝字五）年に彼ら夫婦間に他戸王《おさべのおおきみ》が誕生していることである。この時（七六八年）、他戸は十八歳あるいは八歳だったことになる。皇統の始祖は文武から草壁に切り換えられたが、皇統の再建をめざす称徳にとって、聖武の血筋を受け継ぐ他戸こそ皇統を継承するのに最もふさわしい存在と見なされたのではないだろうか。その両親ということで白壁・井上夫妻にはこのように莫大な経済的特権が授けられたのではないかと見られる。

白壁は後に称徳没後になって、その存在が急浮上したかのように見られがちであるが、決してそうではなかった。白壁は聖武の娘婿であるから、称徳の次期天皇として彼を擁立し、次いで他戸に皇位を伝えるという選択もありえた。ただ、後述するように、この段階では称徳による皇統再建構想のなかにすでに道鏡が重要な位置を占めていたことから見て、白壁・井上夫妻への特別待遇は、あくまでも将来皇統を受け継ぐ予定である他戸の両親ということにとどまるようである。

道鏡擁立の構想とその挫折

道鏡、天皇への階段

称徳は、聖武の血筋を引く他戸を天皇にして、彼に草壁皇統を継がせようとしたのである。ただ、七六四（天平宝字八）年の段階で、他戸はまだ十四歳、あるいは四歳にしかなっていない。いずれにしても彼が即位するまでに数年を要する。

そこで、他戸即位までの「中継ぎ」役が必要になるわけであるが、その役割を果たす者としては、彼の実父、白壁が最も適任のはずであった。白壁は聖武の娘婿でもあったから、称徳のつぎの天皇は聖武の娘婿、そのつぎは娘婿の息子が継ぐという聖武の基本構想にしたがうならば、白壁以外に「中継ぎ」役を果たす者はいないといっても過言ではない。

しかし、称徳は白壁ではなく、あくまでも道鏡を「中継ぎ」の天皇として擁立しようとした。道鏡は河内《かわち》国若江《わかえ》郡を本拠とする弓削《ゆげ》氏出身の一介の僧侶にすぎない。いくら称徳の病気の看護にあたり、彼女を快癒させた実績があるとはいえ、その彼がどうして白壁を差し置いて他戸の「中継ぎ」役たりうるというのだろうか。

称徳は道鏡を天皇に擁立するために、段階を踏んで彼の地位を上昇させている。まず七六四年九月、押勝滅亡の直後、道鏡は「大臣禅師《だいじんぜんじ》」となり、次いで七六五（天平神護元）年閏十月に「太政大臣禅師《だいじょうだいじんぜんじ》」となった。「太政大臣禅師」とは「出家している太政大臣」であって、「大臣禅師」たる道鏡が「則闕《そつけつ》の官」（適任者がいなければ欠員）である太政大臣になる条件を十分に満たしているという理由からの任命であった。ここまでは「大臣」「太政大臣」であり、道鏡は所詮、天皇に仕える臣下の最高位にとどまっていた。

そして七六六（天平神護二）年十月、ついに道鏡は「法王《ほうおう》」とされるに至る。「法王」は法界（仏界）の王であり、俗界の王たる天皇といわば対等の関係にあるといってよい。それまでの「大臣禅師」や「太政大臣禅師」があくまで臣下の最高位にすぎなかったのに較べれば、大きな飛躍であった。

道鏡が「法王」とされた理由

称徳が道鏡を「法王」にしたのは、そうすることによって彼が他戸のための「中継ぎ」役として白壁よりも誰よりもふさわしい存在になると確信していたからと考えられる。それは、彼女の父聖武の生前の行動や思想を忠実に受け継いだ結果、導き出されてくるものであった。

まず、他戸の「中継ぎ」役とは、皇統を継承するのにふさわしい人物に皇位を受け渡すという点で、皇統を護持する大役にほかならない。かつて聖武はその半生を費やし、皇統の守護神として巨大な盧舎那仏《るしゃなぶつ》を造立した。その結果、皇統護持の役割を果たすのは俗人よりも僧侶のなかで最も権威ある人物こそが望ましいと考えられるようになったのではないかと思われる。称徳から見て、もともと道鏡は数ある僧侶のなかで傑出した存在だった。だが、皇統護持の役割を果たす僧侶は道鏡を措いて他にないと誰もが納得するような権威ある存在に彼を高めるためには、道鏡を「大臣禅師」「太政大臣禅師」をへて「法王」にする必要があったと考えられよう。

ただ、聖武はかねてより称徳の次期天皇となる者は聖武の娘婿でなければならないという方針を打ち出していた。道鏡を他戸の「中継ぎ」として申し分のない存在にするには、この点についてもクリアーしておく必要があったのである。

道鏡は聖武の娘婿

実はこれに関しても、道鏡を「法王」にすることで問題は解決するのであった。これについては、平安初頭成立の『日本霊異記《にほんりょういき》』下巻第三十八縁に見えるつぎのような記述が参考になるであろう。

帝姫阿倍天皇の御世の天平神護元年歳《ほし》の乙巳《きのとのみ》の次《やど》る年に、始めて弓削氏の僧道鏡法師、皇后と枕を同じくして交通《とつ》ぐ。天下の政を相摂《あいと》りて天下を治む。

ここでは、天皇であるはずの称徳が道鏡との関係において「皇后」とされている。実は、これが称徳と道鏡をめぐる後世の俗説の始まりとなるのだが、ほぼ同時代において、称徳と道鏡との間柄がすでに夫婦関係でとらえられていたことが注意を引く。それは、天皇である称徳と「法王」である道鏡が政権中枢で対等に並ぶ姿が、彼らに実際の父娘関係や兄妹関係がないために、夫婦関係として認識されたということである。このように、「法王」となった道鏡は当時すでに称徳の擬制上の夫と見なされていたのであり、その点、彼は聖武の娘婿ともいうべき位置にあったことになる。称徳が段階をふんで道鏡を「法王」としたねらいの一端は、この点にあったと考えてよいであろう。

このように、道鏡は「法王」となることによって、他戸の「中継ぎ」として白壁よりもはるかにふさわしい存在になることができたのである。とすれば、草壁皇統を受け継ぐ他戸の「中継ぎ」として道鏡を天皇にするという発想の土台は、すべて聖武の生前の行動や思想のなかに準備されていたことを見逃してはならないであろう。

和気王の変―舎人系の反撥

このように、称徳は道鏡即位に向けて着々と計画を進めていたが、それに対し、かつて彼女によって排斥された舎人《とねり》系が反撥した。七六五（天平神護元）年八月に発覚した和気王《わけのおおきみ》の謀反《むほん》事件がそれである。この時点においても淳仁はなお淡路で健在であった。

和気は舎人親王《とねりのみこ》の孫であり、御原王《みはらのおおきみ》の息子であった。彼は七五五（天平勝宝七）年六月、岡真人《おかのまひと》の姓を賜わり臣籍に降下したが、七五八（天平宝字二）年八月に淳仁が即位し、翌年六月に舎人に「崇道尽敬《すどうじんきょう》皇帝」の尊号が献上されたのに伴い、皇族に復帰した。押勝の乱の時には、その挙兵計画を通報するという手柄を立てている。

『続日本紀』天平神護元年八月庚申朔条によれば、和気は紀益女《きのますめ》という呪詛《じゅそ》を得意とする女性を重用し、「己《おの》が先霊《おやのみたま》に祈り願へる書」なるものを作ったという。そこには「己が心に念《おも》ひ求むる事をし成し給ひてば、尊き霊の子孫の遠く流して在るをば京都《みやこ》に召し上げて臣《おみ》と成さむ」と書かれていた。「己が先霊」とは舎人、あるいは天武の霊を指すのであろうか。

「己が心に念ひ求むる事」が一体何を指すのか明らかではないが、「尊き霊の子孫の遠く流して在るをば京都に召し上げて臣と成さむ」が、淳仁を始めとした舎人系皇族の赦免と宮廷への復帰を指すことは間違いない。さらに「己が先霊に祈り願へる書」には、「己が怨《あた》男女二人在り。此《これ》を殺し賜へ」という文言があり、これにより和気には称徳・道鏡殺害の容疑が掛けられたのである。

和気は淡路にあった淳仁の甥にあたるが、聖武の娘との配偶関係などは一切ないから、彼自身が皇位を望んだとは考えにくい。やはり彼としては、称徳によって淳仁を筆頭に舎人系が皇統再建計画から一掃されたことを不満とし、彼らの免罪と宮廷復帰を画策していたのであろう。あるいは、称徳が道鏡を起用して推し進めつつある皇統再建を頓挫させようと企てたのかもしれない。計画が発覚したことを知った和気は夜陰《やいん》に紛れて逃走をはかったが、率川《いざかわのやしろ》社（大和国添上《そうのかみ》郡）に潜伏していたところを捕らえられ、伊豆国に流罪とされた。だが、彼は配所に護送される途中、山背《やましろ》国相楽《さがらか》郡で絞殺されてしまうのである。

志計志麻呂の変―捏造された犯罪

七六九（神護景雲三）年五月、あの氷上塩焼《ひかみのしおやき》の遺児、志計志麻呂《しけしまろ》を天皇に擁立しようとする陰謀が発覚している。謀議の中心にあったのは、志計志麻呂の母不破内親王《ふわのひめみこ》とされた。

彼女は呪詛《じゅそ》に長じた県犬養姉女《あがたいぬかいのあねめ》らを使って、「挂《か》けまくも畏《かしこ》き天皇の大御髪《おおみかみ》を盗み給はりて、きたなき佐保川の髑髏《ひとがしら》に入れて大宮の内に持ち参入《まいい》り来て、厭魅為《まじものす》ること三度《みたび》せり」（『続日本紀』神護景雲三年五月丙申条）という、称徳暗殺未遂の容疑によって、「厨真人厨女《くりやのまひとくりやめ》」と改名され京外に追放となり、志計志麻呂は土佐国に流罪に処された。ただ、後年（七七一年）になって、この事件はすべて丹比乙女《たじひのおとめ》なる者の誣告《ぶこく》（虚偽の告発をすること）であったことが判明する。

志計志麻呂は、聖武の娘婿であった塩焼の息子であるから、称徳が道鏡を「中継ぎ」として将来天皇に立てようとしている他戸《おさべ》とまったく同じ血統的条件を備えており、いわば皇位継承権の持ち主であった。後年、志計志麻呂の弟川継《かわつぐ》が、桓武天皇暗殺計画に加担した容疑で逮捕されたのも、彼が皇位継承資格をもっていたことが関係していると考えられる。志計志麻呂が皇位を望むのは決して大それた野望ではなかったのであり、不破が、姉の称徳さえいなくなれば我が子に皇位継承のチャンスが巡ってくると考えたとしても、確かにおかしくはなかった。

ただ、事件のあった五月は、後述するように、称徳がいよいよ豊前《ぶぜん》国の宇佐八幡の神託を利用し、道鏡即位を一挙に実現しようと企てていた時期にあたった。称徳にしてみれば、他戸即位に向けての道鏡擁立を前にして、その最大の障害になる志計志麻呂を葬り去っておかねばならなかったといえよう。おそらく称徳は、道鏡即位をスムーズに実現するために、丹比乙女を教唆して不破母子の謀反を捏造したのであろう。

そのように考えると、『続日本紀』神護景雲三年五月壬辰条に見える「不破内親王は、先の朝《みかど》勅有りて親王《みこ》の名を削れり。而して積悪《せきあく》止まず。重ねて不敬を為す」という、称徳が異母妹を弾劾した文章は、彼女が自身の仕掛けた謀略を隠蔽するためにも、かなり誇張が加えられていると見なければならない。また、称徳が結局、不破の大罪を「思ふ所有るに縁《よ》りて」としてあっさり赦免したのも、不破を罪に陥れることによってその息子の皇位継承権さえ否定すればよかったからと考えられる。

宇佐八幡の神託

称徳は道鏡を「法王」とすることで、彼を天皇の一歩手前まで上昇させることに成功した。彼を天皇にするには、あと一押しが必要であった。その一押しに利用されたのが、豊前国の宇佐八幡大神であった。この神の権威がなぜ利用されたかといえば、それは、この神がかつて皇統の守護神である盧舎那仏《るしゃなぶつ》の造立に協力と援助を申し出たという実績があったからであろう。草壁皇統護持のために即位する道鏡を権威づけることができるのは、宇佐八幡大神以外にはありえなかったと思われる。

おそらく称徳の意を受けた宇佐八幡の側から、「道鏡をして皇位に即かしめば、天下太平《てんかたいへい》ならむ」という神託が伝えられた。これが七六九（神護景雲三）年の五月頃と思われる。それは、すでに述べたように、この頃、氷上志計志麻呂の変が発覚していることに加えて、宇佐に神託の確認のために天皇の特使として遣わされることになる吉備藤野和気真人清麻呂《きびのふじののわけのまひときよまろ》（後の和気清麻呂）に「輔治能真人《ふじののまひと》」の姓があたえられているからである。この賜姓は、宇佐への特使を務める清麻呂の威儀を飾るためのものであったと考えられる。

清麻呂は備前《びぜん》国和気郡を本拠とした豪族の出であるにも拘わらず、姉の法均《ほうきん》（和気広虫《ひろむし》）が称徳の側近随一であったことから、真人のカバネを賜るほどの信任を受けていた人物である。その意味で清麻呂は、称徳の皇統再建の構想について、その細部に至るまで理解するところがあったはずである。

清麻呂の真意とは

ところが、同年九月になって宇佐から帰った清麻呂の報告を聞いた称徳は激しく怒り、彼と法均に厳罰を下すことになる。『続日本紀』神護景雲三年九月己丑条によると、清麻呂らの罪状はつぎのように説明されている。

然《しか》る物を、従五位下因幡《いなば》国員外介輔治能真人清麿、其《し》が姉法均と甚大《いとおお》きに悪《あ》しく奸《かだ》める忌語《いみこと》を作りて朕《われ》に対《むか》ひて法均い物奏せり。此《こ》を見るに面《おもて》の色形口に云ふ言猶《なお》明らかに己《おの》が作りて云ふ言《こと》を大神の御命《おおみこと》と借りて言ふと知らしめしぬ。問ひ求むるに、朕が念《おもお》して在るが如く、大神の御命には在らずと聞《きこ》し行し定《め》めつ。

つまり、称徳は法均と清麻呂が神託を捏造したことは間違いないというのである。その清麻呂の報告とは、つぎのとおり。

清麻呂行きて神宮に詣《まい》づるに、大神託宣して曰はく、「我が国家開闢《ひら》けてより以来《このかた》、君臣定りぬ。臣を以て君とすることは、未《いま》だ有らず。天の日嗣は必ず皇緒《こうしょ》を立てよ。无道《むどう》の人は早《すみやか》に掃ひ除くべし」とのたまふ。

清麻呂は、八幡大神が道鏡の即位を否定していると明言したのである。ただ、彼が称徳の皇統再建構想について理解があったことを思えば、彼が異を唱えたのはあくまで道鏡を他戸の「中継ぎ」に擁立することに関してであって、草壁皇統の護持や他戸即位についてまで否定してはいなかったと考えられる。おそらく清麻呂が言外において主張しようとしたのは、「中継ぎ」ならば聖武の娘婿であり他戸の実父である白壁という適任者がいるということだったのではあるまいか。

ともあれ、草壁皇統護持のための道鏡即位計画はこうして頓挫したのである。

称徳から光仁・桓武へ

光仁の即位事情

七七〇年八月、称徳が死去した前後の事情については、『続日本紀』宝亀《ほうき》元年八月癸巳条につぎのように見える。

称徳の遺宣

天皇、西宮の寝殿に崩《かんあが》りましぬ。春秋五十三。左大臣従一位藤原朝臣永手《ふじわらのあそみながて》、右大臣正二位吉備朝臣真吉備《きびのあそみまきび》、参議兵部卿従三位藤原朝臣宿奈麻呂《すくなまろ》、参議民部卿従三位藤原朝臣縄麻呂《なわまろ》、参議式部卿従三位石上朝臣宅嗣《いそのかみのあそみやかつぐ》、近衛大将従三位藤原朝臣蔵下麻呂《くらじまろ》ら、策を禁中に定めて、諱《いみな》を立てて皇太子とす。左大臣従一位藤原朝臣永手、遺宣《いせん》を受けて曰はく、「今詔《の》りたまはく、事卒然《にわか》に有るに依りて、諸臣等議《はか》りて、白壁王《しらかべのおおきみ》は諸王の中に年歯《よわい》も長なり。また、先の帝の功も在る故に、太子と定めて、奏せるまにまに宣《の》り給ふと勅《の》りたまはくと宣る」という。

これによれば、称徳が死去する間際《まぎわ》に、急遽群臣らが協議して白壁王を皇太子に立てるべきことを決定、それを称徳に奏上して裁可《さいか》を得たという。白壁の立太子は、称徳の意向に添うものであったことになる。白壁が選ばれたのは、彼が諸王のなかで年長であることに加えて、「先の帝の功」があることによるとされた。

「先の帝」は白壁の祖父にあたる天智大王のことを指し、「先の帝の功」とは天智による律令国家建設の功業のことで、白壁は祖父の功績ゆえに皇太子に擁立されることになったと考えられている。しかし、「先の帝」という言葉は称徳の遺宣のなかに見えるのであって、そのような文脈において「先の帝」といえば、それは聖武のことと見なすべきであろう。従来、それを天智と考えて怪しまなかったのは、天智の孫である白壁の登場により、「天武系」から「天智系」への交替が起きたという見方に引きずられた結果にすぎない。

白壁に「先の帝の功」があるとは、彼が「先の帝」すなわち聖武から一定の評価を受けていた（聖武のお覚えもめでたかった）という意味であるといえよう。聖武が白壁を評価していたとは、先に見たように、聖武が娘婿である白壁の即位の可能性を認めていたことを指すと考えてよい。

草壁皇統を受け継ぐ他戸王《おさべのおおきみ》の「中継ぎ」として道鏡を擁立することに失敗した称徳は、道鏡の「法王」の地位はそのままであるが、以後二度と彼の即位について口にしていない。それは、彼女が道鏡擁立を断念し、改めて聖武の基本構想に立ち返り、他戸の実父である白壁を「中継ぎ」天皇として立てる方向に軌道修正を行った結果と見なすことができよう。

創作された光仁即位のドラマ

称徳の後継者選定に関しては、『水鏡《みずかがみ》』光仁天皇条につぎのような話が見える。『水鏡』は、十二世紀の後半に成立した神武天皇から仁明《にんみょう》天皇までの歴史物語であるが、『扶桑略記《ふそうりやっき》』にもとづいて書かれた部分が多いとされている。

次のみかど光仁天皇と申しき、天智天皇の御子に、施基《しき》皇子追号田原天皇と申しし第六子におはす。母贈太政大臣紀諸人《きのもろひと》の女、贈皇后橡姫《とちひめ》なり。神護慶雲四年八月四日、称徳天皇失《う》せさせおはしましにしかば、位をつぎ給ふべき人もなくて、大臣以下各この事を定め給ひしに、天武天皇の御子に、長親王《ながのみこ》と申しし人の子に、大納言文室浄三《ふんやのきよみ》と申す人を位につけ奉らむと申す人々ありき。又白壁王とてこの帝のおはしましをつけ奉らむと申す人々もありしかども、猶《なお》浄三をと申す人のみ強くて、既につき給ふべきにてありしに、この浄三「わが身そのうつは物にかなはず」とあながちに申し給ひしかば、その弟の宰相大市《おおち》と申ししを、さらばつけ申さんと申すに、大市うけひき給ひしかば、すでに宣命《せんみよう》を読むべきになりて、百川《ももかわ》、永手《ながて》、良継《よしつぐ》、この人々心を一つにて目をくはせて、ひそかに白壁王を太子と定め申す由の宣命を作りて、宣命使を語らひて、大市の宣命をば巻き隠して、この宣命をよむべき由《よし》をいひしかば、……

称徳没後、遺詔にあたるものがなかったために諸臣の間で意見が噴出し、天武の孫にあたり、長親王の息子である文室浄三やその弟の大市らが擁立されようとしたが、藤原百川や永手らの機転と策略によって白壁が即位することになったといわれるが、それらはすべて事実とはいえないと思われる。なぜならば、称徳が次期天皇について何もいい遺さなかったという前提自体に疑問があるからである。

文武改め草壁皇統の存続と発展を第一に考えていた称徳からすれば、女系を通じてその血脈を相承する他戸の父であり、その意味で他戸即位までの「中継ぎ」として最もふさわしい白壁を超える存在はいなかったであろう。少なくとも、文屋真人姓を賜わり臣籍に降下して久しく、しかも聖武との姻戚関係のない浄三・大市の兄弟は、到底白壁のライヴァルではありえなかったと思われる。ここで浄三・大市兄弟が登場してくるのは、それが当時の皇位継承に関する基本構想について理解していない後世の造作にほかならないからであろう。

『水鏡』のエピソードは、いわゆる「天智系」の白壁即位の際に、その強力な対抗馬として「天武系」というべき浄三・大市らが担ぎ出されてきたが、あえなく敗退したということになっている。要するに、「天武系」に対する「天智系」の動かしがたい優位ということである。そのように考えて怪しまないのは、本書冒頭で述べたように、「天智系」を子孫に皇位を伝えることができた直系、「天武系」をそれができなかった傍系として、前者の圧倒的優位を信じて疑わない中世的な歴史認識以外の何物でもない。『水鏡』の物語は、そもそも称徳の遺宣がなかったとする事実誤認にもとづいて、「天武系」＝傍系は断絶し、「天智系」＝直系は何があろうとも滅びることなく繁栄を極めると確信する中世の貴族によって創作されたものといわざるをえないであろう。

光仁の立場

白壁皇太子は同年十月に即位して光仁天皇となる。わずか二ヵ月と短期間ではあるが、彼が皇太子としての期間をへて即位したことが注意されよう。これは、光仁が称徳の息子として即位したことを意味する。五十三歳の母親と六十二歳の息子というのも実に奇妙な関係ではあるが、光仁としては草壁皇統の正当な継承者であった称徳から皇位を受け継いだ天皇であるということをアピールする必要があったのである。

光仁は天智の孫にあたるとはいいながら、草壁皇統に連なる天皇として即位したといえよう。

それが証拠に、十一月に光仁の亡父志紀親王《しきのみこ》に「春日宮《かすがのみや》に御《おお》しましし天皇」という天皇としての尊号が献上され、同日に井上内親王《いのえのひめみこ》が皇后に立てられている。光仁と井上皇后との間に生まれた他戸親王が皇太子に立てられたのは、翌七七一（宝亀二）年正月のことであったが、草壁皇統を受け継ぐ「正嫡」ともいうべき他戸を「皇嗣」の座に据えるのが、光仁の天皇としての最初の仕事であったことが分かる。その際に、まず母親（井上）を皇后に立て、しかる後にその息子（他戸）を皇太子にするという手続きが取られたのは、七二九（天平元）年に聖武によって開かれた「皇后の生んだ息子が皇太子になる」「皇太子の母親は皇后でなければならない」という先例が踏襲されているのであろう。

このように、光仁は草壁皇統を受け継ぐ他戸皇太子の「中継ぎ」として即位したのであり、その意味で草壁皇統に連なる天皇というべきである。光仁は一般に「天智系」の天皇と見なされており、彼の登場により「天武系」から「天智系」への皇統の転換があったといわれている。確かに光仁は天智の孫という点だけを見れば「天智系」に違いない。だが、彼がいかなる資格において即位したのかという点から考えるならば、彼は必ずしも「天智系」ではありえなかった。光仁の出現をもって「天智系」が復活したと見なすのは、あまりにも現実と掛け離れた理解であるといわざるをえない。

なお、七七一年三月には早くも輔治能清麻呂《ふじののきよまろ》（和気清麻呂）が本位《ほんい》に復され、七月には淳仁の縁者が皇親籍を回復している。八月、不《ふ》破内親王《わのひめみこ》とその息子氷上志計志麻呂《ひかみのしけしまろ》の犯罪を告発した丹比乙女《たじひのおとめ》が誣告罪で処罰されている。九月には和気王《わけのおおきみ》の子女を皇親籍に復し、不破内親王の事件で処罰され犬部《いぬべ》と改姓された県犬養姉女《あがたいぬかいのあねめ》を本姓に戻すことが許されている。

復権される人びと

これらは一見すると、「天武系」の時代に処罰を受けた人びとが、「天智系」の時代になったので、免罪されて復権を果たしたようにいわれるが、そのように単純な話ではないと思われる。彼らは、いずれも草壁皇統そのものを否認しようとした人びとではなく、亡き称徳が草壁皇統を護持しようとする余り、「中継ぎ」として道鏡を擁立しようとする方向に走ろうとした時に、それに抵触して処罰を受けた人びとであり、あるいは丹比乙女のように、その御先棒を担いで不破母子らを罪に陥れた者であった。草壁皇統に連なる光仁としては、皇統護持のための行き過ぎによって処罰を受けた者を赦免し、反対に暴走に加担した者を厳罰に処すのは当然の措置であったといえよう。

翌七七二（宝亀三）年になると、八月、淳仁を淡路《あわじ》の地に丁重に改葬することが命ぜられた。そして十一月、ようやく不破内親王が皇親籍を回復している。彼女の免罪がやや遅れたように見えるのはどうしてであろうか。これについては、この年の初めに起きた事件が関係しているようである。その事件とは何か。

桓武の即位事情

井上皇后の「謀反大逆」

七七二（宝亀三）年三月、井上皇后は突如として廃されることになる。理由は、彼女が「巫蠱《ふこ》」を行ったということにあった。「巫蠱」とは呪いによって人を殺そうとする犯罪行為を指す。井上に加担した粟田広上《あわたのひろかみ》や安都《あとの》堅石女《かたしわめ》への処分を述べた宣命《せんみょう》には、彼女らが「謀反の事に預りて」と見えるので、井上による「巫蠱」は天皇あるいはそれに準ずる人を標的にしたものであったことになる。井上は皇后の身分にありながら、何と光仁天皇の殺害を企てていたというのである。

五月、井上の息子で皇太子の地位にあった他戸《おさべ》も、その地位を失うことになった。『続日本紀』宝亀三年五月丁未条につぎのように見える。

皇太子他戸王を廃して庶人とす。詔して曰はく、「天皇《すめら》が御命《おおみこと》らまと宣《の》りたまふ御命を、百官人等、天下百姓、衆《もろもろ》聞きたまへと宣《の》る。今皇太子と定め賜へる他戸王、其の母井上内親王の魘魅《えんみ》大逆の事、一二《ひとたびふたたび》遍のみに在らず、遍《たび》まねく発覚《あらわ》れぬ。其れ高《たか》御座《みくら》天《あめ》の日嗣《ひつぎ》の座《くらい》は、吾一人の私座《わたくしのくらい》に非《あら》ずとなも思《おもお》し行《め》す。故《かれ》、是《ここ》を以て、天の日嗣と定め賜ひ儲け賜へる皇太子の位に謀反大逆の人の子を治め賜へれば、卿等、百官人等、天下百姓の念《おも》へらまくも、恥し、かたじけなし。加以《しかのみにあらず》、後の世の平けく安けく長く全く在る可《べ》き政にも在らずと神ながらも念《おもお》し行《め》すに依りてなも、他戸王を皇太子の位停《とど》め賜ひ却《しりぞ》け賜ふと宣りたまふ天皇が御命を、衆聞きたまへと宣る」とのたまふ。

これによれば、「魘魅大逆」「謀反大逆」の罪を犯した井上の息子である他戸を皇太子の地位にとどめ置くことは、「卿等、百官人等、天下百姓」に対して顔向けのできないことなので、彼を廃することに決したというのである。これは、かつて聖武が打ち出した「皇后の生んだ皇子が皇太子になる」「皇太子の母は皇后でなければならない」という原則をふまえた処断であるといえよう。皇后に問題があれば、その息子である皇太子も無関係ではありえないというわけである。

井上はなぜ光仁の呪詛《じゅそ》を企てたのであろうか。一般にいわれているように、一日も早く我が子他戸の即位を実現したいと焦った彼女が、光仁の殺害を企てたと考えられないこともない。だが、光仁が即位時ですでに六十二歳という高齢だったことを思えば、それはやや考えにくい。

むしろ草壁皇子《くさかべのみこ》の妻であった元明天皇が即位した先例があることから見れば、井上自身が光仁に代わって即位することを以前より望んでいたということも否定できない。前に述べたように、井上は異母妹称徳の時代に、他戸の両親ということで光仁とともに特別待遇を受けていたから、夫が他戸の「中継ぎ」たりうる資格があるというのならば、自分にもそれが認められてもよいはずだと考えていたのではないだろうか。

だが、結局、称徳は死の間際《まぎわ》に光仁を「中継ぎ」の天皇として選んだ。それが不満でならない井上は、光仁が即位し、彼女が皇后に立てられた後も、自身の即位の可能性を模索していたのではないかと見られる。

井上即位の可能性

かつて七世紀には推古・皇極（斉明）・持統らのようにキサキ（大后・皇后）から大王・天皇に即位した先例があった。皇后となった井上であるならば、即位の可能性はなお高まることになろう。ましてや、彼女は聖武の娘（内親王）であり、その点、皇后ではあったが臣下の出である藤原光明子とは一線を画したはずである。

ところが、井上は足元を大きく掬《すく》われる形で皇后の座を失い、そしてその側杖《そばづえ》を食らって他戸も皇太子の座を追われることになった。井上の失脚後程なく、その同母妹の不破《ふわの》内親王《ひめみこ》が赦免されている。これはかつて不破を陥れるのに、異母姉の称徳ばかりでなく井上も関わっていたことを暗示している。称徳と井上は、草壁皇統を受け継ぐ他戸の即位を実現するために共謀して、その障害になる志計志麻呂《しけしまろ》の皇位継承権を否定しようとしたのである。

草壁皇統断絶の危機

その後、七七三（宝亀四）年十月に井上・他戸母子は大和国宇智《うち》郡の没官《もっかん》宅に幽閉され、七七五（宝亀六）年四月の同日に死去する。二人の死が尋常のものでなかったことだけは確かである。

草壁皇統の「正嫡」ともいうべき他戸の失脚によって、草壁皇統は存続の危機に瀕したといえよう。だが、草壁皇統を受け継ぐ資格をもつ、聖武の娘とその夫（娘婿）との間に生まれた男子はなお健在だった。それが不破内親王と亡き氷上塩焼《ひかみのしおやき》との間に生まれた川継《かわつぐ》である。

しかし、翌七七三（宝亀四）年正月、皇太子に立てられたのは川継ではなく、山部親王《やまべのみこ》であった。山部は七三七（天平九）年、光仁と百済《くだら》系の渡来氏族出身の和《やまと》（後に高野《たかのの》）新《にい》笠《かさ》との間に生まれた。この時、すでに三十七歳の壮年であった。大学頭《だいがくのかみ》を皮切りに侍従《じじゅう》、中務卿《なかつかさのかみ》などを歴任するという官僚としての経歴をもつが、その血筋からいえば、草壁皇統の「正嫡」とは到底いいがたい。いわば皇位継承の圏外にいた彼が、思いもよらず光仁の後継者に躍り出ることになったのは、ひとえに藤原氏式家の百川《ももかわ》の働きによるところが大きいようである。

先に掲げたように、『水鏡《みずかがみ》』では光仁立太子の時に百川らが暗躍したことになっているが、『扶桑略記《ふそうりやつき》』寛平《かんぴょう》二（八九〇）年二月十三日条が引く『宇多《うだ》天皇日記（寛平御記《ぎょき》）』によれば、それは「白壁天皇の時、将《まさ》に皇太子を立てむとするも、其の儀未《いま》だ定まらず」、すなわち他戸の廃太子を受け、その後継を決めようとした時だったと伝えている。百川の奔走により皇太子になることができた山部は、即位後に「百川の功に縁《よ》りて、親しく臨みて子緒嗣《おつぐ》に元服を加ふ」とあるように、早くに没した百川の息子緒嗣の元服式に親臨までしたという。

山部親王の立場

それにしても、光仁が川継でなく山部を皇太子に指名したのはどうしてであろうか。

川継は七七九（宝亀十）年に無位から従五位下に叙されており、これが二十一歳になったことによる初叙であるとするならば、彼は七五九（天平宝字三）年の誕生である。とすれば、川継は他戸廃太子の時、わずか十四歳だったことになる。しかし、文武や聖武が十代半ばで皇太子となった前例もあるわけだから、十四歳の川継が皇太子に立てられる可能性は十分にあったはずである。それにも拘わらず、川継が皇太子とされなかったのは、彼が他戸と同様の血統的資格をもつとはいいながら、すでに臣籍に降下して久しいことに加えて、その父塩焼や兄の志計志麻呂が罪を犯し、刑に服しているという前科のあることが忌避《きひ》されたのかもしれない（志計志麻呂の場合、明らかに冤罪《えんざい》なのであるが）。

しかし、山部皇太子は、草壁皇統を受け継ぐ血統的資格をもつこの少年の存在を意識しないわけにはいかなかった。それは、光仁が草壁皇統を受け継ぐ他戸の「中継ぎ」として即位したという点で草壁皇統に連なる天皇だったからで、その後継者たる山部にも草壁皇統に連なる資格をもつことがもとめられたのである。それが十分に保証されない限り、光仁の後継者としての彼の正当性は、川継との比較において絶えず問われ続けることになる。

聖武に連なる桓武

山部は七八一（天応《てんおう》元）年四月に光仁から譲りを受けて即位した。これが桓武天皇である。通説によれば、桓武も父光仁と同じように

「天智系」と見なされている。彼は天智の曾孫だったから、「天智系」といえば確かにそのとおりである。だが、皇統意識という点でいえば、必ずしもそうではなかったといわねばならない。

たとえば、桓武は、彼自身が父光仁と同様、草壁皇統に連なること、いい換えれば聖武の血筋に連なることを証明するために、光仁・井上夫妻の娘である酒人内親王《さかひとのひめみこ》を娶った。酒人は母井上と同じように当初斎王《さいおう》として奉仕していたが、おそらく七七五年四月に母の井上と弟他戸が同日に死去したことによって斎王を解任されたと見られる。それ以後、異母兄にあたる桓武と結婚し、七七九（宝亀十）年には朝原内親王《あさはらのひめみこ》が生まれている。

かつて光仁は井上を娶ることによって聖武の娘婿になり、草壁皇統に連なる資格を得た。桓武は酒人と結婚することにより、聖武の娘婿の娘婿になることができたといえよう。桓武とすれば、自身が草壁皇統に連なる存在であることを、このような形であらわそうとしたのであろう。ちなみに桓武はその後、酒人との間に生まれた朝原を自身の後継者である安殿親王《あてのみこ》（後の平城《へいぜい》天皇）に娶らせている。桓武がいかに草壁皇統の血筋を自身の家系に取り込むことに腐心したかが分かろう。

桓武が光仁と同様、自身が聖武を介して草壁皇統に連なる天皇であると認識していたことは、つぎの事例からも確認することができよう。それは、つぎの『続日本紀』延暦《えんりゃく》四（七八五）年十月庚午条である。

中納言正三位藤原朝臣《ふじわらのあそみ》小黒麻呂《おぐろまろ》・大膳大夫従五位上笠王《かさのおおきみ》を山科山陵《やましなのみささぎ》に、治部卿従四位上壱志濃王《いちしののおおきみ》・散位従五位下紀朝臣《きのあそみ》馬守《うまもり》を田原山陵《たはらのみささぎ》に、中務大輔正五位上当麻《たぎまの》王《おおきみ》・中衛中将従四位下紀朝臣古佐美《こさみ》を後《のちの》佐保山陵《さほのみささぎ》に遣して、皇太子を廃する状を告げしむ。

これによれば、桓武の寵臣藤原種継《たねつぐ》の暗殺に関与したとの容疑により、桓武の弟早良《さわらの》親《み》王《こ》が皇太弟の地位を廃された時、桓武は使者を派遣し、その旨を天智陵・光仁陵に加えて聖武陵に対しても報告させているのである。桓武にとって天智・光仁と並んで聖武も、彼の天皇としての権威や正当性を保証する存在として重要視されていたことが明らかである。桓武はこのような儀礼的行為を通じても、自身が草壁皇統に連なることをアピールしようとしていた。

なぜ「不改常典」なのか

さらに、桓武の即位宣命《せんみょう》には久しぶりに「不改常典《ふかいじょうてん》」があらわれることも注目に値するであろう。『続日本紀』天応元（七八一）年四月癸卯条によれば、それはつぎのとおり。

明神《あきつみかみ》と大八洲《おおやしま》知《し》らしめす天皇《すめら》が詔旨《おおみこと》らまと宣《の》りたまふ勅を、親王・諸王・百官人等、天下の公民、衆《もろもろ》聞きたまへと宣る。掛けまくも畏《かしこ》き現神《あきつみかみ》と坐《いま》す倭根子天皇《やまとねこすめら》が皇《おおきみ》、此の天日嗣高座《あまつひつぎたかみくら》の業《わざ》を掛けまくも畏き近江大津宮に御宇《あめのしたしらしめ》し天皇の勅《の》り賜ひ定め賜へる法《のり》の随《まにま》に被《う》け賜はりて仕へ奉《まつ》れと仰せ賜ひ授け賜へば、頂に受け賜はり恐《かしこ》み、受け賜はり懼《お》ぢ、進みも知らに退くも知らに恐み坐さくと宣りたまふ天皇が勅を、衆聞きたまへと宣る。……

桓武やそれ以降の天皇の即位宣命に天智が定めたという「不改常典」が見えるのは、桓武以後の歴代天皇がいわゆる「天智系」であることを意味するといわれるが、それは違うのではないかと思われる。なぜならば、すでに述べたように、文武皇統とその継承を正当化するのが「不改常典」だったと考えられるからである。

本来「不改常典」は文武が皇統の始祖であることの根拠とされた法であったから、文武の正当な後継者とされた聖武の血統を引き継ぐ桓武やそれ以降の天皇が、彼らの正当性の証しとして「不改常典」に言及するのは当然のことであったといえよう。桓武やその子孫の天皇が天智の制定したという法によって自身の即位を正当化しようとしたのは、彼らがたんに天智の子孫だからではないのである。

「不改常典」が光仁即位の時に見えなかったのは、光仁は桓武に較べれば、正真正銘の聖武の娘婿であって、その限りで草壁皇統に連なることが保証されていたからであろう。その点、聖武の娘婿の娘婿にすぎない桓武は、「不改常典」まで持ち出して、自身の天皇としての権威や正当性が聖武に由来することを証明しなければならなかったのである。

川継の変—狙われた桓武

七八一年十二月に光仁太上天皇が齢《よわい》七十三で死去すると、そのわずか二ヵ月後に事件は起きた。それは『続日本紀』延暦《えんりゃく》元（七八二）年閏正月丁酉条につぎのように記されている。

氷上川継を大和《やまと》国葛上《かづらきのかみ》郡に獲《とら》へたり。詔して曰はく、「氷上川継は、潜《ひそか》に逆乱を謀りて、事既に発覚《あらわ》れぬ。法《のり》に拠りて処断するに、罪極刑に合《かな》へり。その母不破内親王《ふわのひめみこ》は、返逆の近親にして、亦重き罪に合へり。但し、諒闇《りょうあん》の始なるを以て山陵《みささぎ》未だ乾かず、哀感の情刑を論《あげつら》ふに忍びず。その川継は、その死を免《ゆる》して、これを遠流《おんる》に処し、不破内親王弁《あわ》せて川継が姉妹は淡路《あわじ》国に移配すべし」とのたまふ。川継は塩焼王の子なり。初め川継が資人大和乙人《やまとのおとひと》、私《ひそか》に兵杖を帯びて宮中に闌入《らんにゅう》す。所司獲へて推問するに、乙人款《もう》して云はく、「川継陰《ひそか》に謀りて、今月十日の夜、衆を聚《あつ》めて北門より入り、朝庭《みかど》を傾けむとす。仍《より》て乙人を遣して、その党宇治王《うじのおおきみ》を召し将《ひき》ゐて期日に赴かしむ」といふ。

氷上川継は、天皇になって間もない桓武にとって目の上の瘤《こぶ》というべき存在であった。その川継の即位を実現するために桓武を殺害しようとした計画が露顕《ろけん》したのである（氷上川継の変）。川継を支援する「姻戚」「知友」も少なくなかったとされ、大伴家持《おおとものやかもち》や坂上《さかのうえの》苅田麻呂《かりたまろ》といった大物も事件に関与していたといわれる。

事件の真相は不明といわざるをえないが、それが光仁死去から程ない時期に起きていることから見るならば、草壁皇統に連なる光仁の死を契機に、草壁皇統を受け継ぐ正真正銘の資格を有する川継を擁立しようとする動きがあったとしても不思議ではあるまい。それは、草壁皇統の復活をめざした直接行動だったといえよう。あるいは桓武の側で、この機をとらえ川継とその与党を一網打尽にしようとして、このような事件が捏造されたのかもしれない。

不破内親王の末路

川継は、奇《く》しくも亡父塩焼《しおやき》と同じ伊豆《いず》国三嶋に流罪となった。そして、彼の母で「返逆の近親」と名指しされた不破内親王は淡路《あわじ》国に移配されることになった。そこはあの淳仁終焉の地でもあった。不破は七二九（天平元）年の生まれとすれば、この時、五十四歳になっていたはずである。

『日本紀略《にほんきりゃく》』延暦十四（七九五）年十二月乙酉条によれば、

淡路国に配したる不破内親王を和泉《いずみ》国に移す。

と見え、その後、彼女は淡路の配所から和泉国に移ることを許されたようである。この時、すでに六十七歳になっていたであろう。『日本後紀《にほんこうき》』延暦二十四年（八〇五）年三月壬辰条にはつぎの記事がある。

伊豆国の流人《るにん》氷上真人河継（川）の罪を免す。

翌年三月には桓武が死去するのであるが、桓武の病気平癒を祈る恩赦により、川継はようやく帰京することを許されたのである。二十三年におよぶ配所暮らしだったことになる。すでに四十七歳になっていたであろう。ただ、この時に不破の身に言及するところがない。あるいは、彼女はすでに和泉の配所で没してしまったのだろうか。なお存命だったとしても、すでに齢《よわい》を重ねて七十七である。

その後、史料に彼女の死去を伝えるものはない。内親王という身分に生まれながら、その死去が記録に残されなかったことは異例に属する。思えば、聖武の皇統再建計画のために若くして塩焼王と結婚、彼と人生の浮沈をともにし、夫の没後は、息子二人が草壁皇統を受け継ぐ血統的資格をもっていたがために、皇位継承をめぐる紛争に否応なく巻き込まれてしまった。異母姉である称徳によって名を変えられ、都を追われた。聖武による皇統再建にこれほど翻弄された人生もなかったであろう。

現在、千葉県印旛郡の松虫寺《まつむしでら》に聖武天皇の第三皇女、松虫姫（不破内親王か）の御廟と称するものが残るのも、何とも不思議な因縁《いんねん》としかいいようがない。

皇統意識の転換——エピローグ

平城京から長岡京へ

今まで述べてきたように、草壁皇統を受け継ぐ氷上川継《ひかみのかわつぐ》がいなくなったことによって、桓武は彼への対抗意識から解放され、自身が聖武を介して草壁皇統に連なることを声高に主張する必要がなくなったわけである。ここに桓武は、自身の権威や正当性の拠りどころを改めて確立するために、文武や草壁を始祖とする従来の皇統とはまったく異なる新たな皇統意識を模索することになる。

そのきっかけになったのは、やはり七八四（延暦三）年の平城京から長岡京への遷都だったのではないかと考えられる。平城京は、いうまでもなく七一〇（和銅三）年以来の都であるが、天皇としては元明に始まって元正・聖武・孝謙・淳仁・称徳そして光仁と続き、結果的に文武（草壁）皇統の拠点ともいうべき政治都市となった。新たな皇統の樹立をめざす桓武としては、ここで平城京と訣別《けつべつ》して、新皇統の拠点となる新しい都市を建設する必要に迫られていたといえよう。

中国的皇統の創出

桓武はどのような皇統を打ち立てようとしていたのであろうか。それを知る手掛かりになるのは、七八五（延暦四）年十一月に桓武が河内《かわち》国交野《かたの》郡で「郊祀祭天《こうしさいてん》」と呼ばれる中国的な祭儀を行っていることである。「郊祀祭天」とは、冬至の日に皇帝が都城南郊に天壇を設けて「昊天上帝《こうてんじょうてい》（天帝）」を祭る儀式であった。『続日本紀』延暦六（七八七）年十一月甲寅条によれば、二度目の「郊祀祭天」において「天帝」に奉呈された祭文はつぎのとおり。

> 維《こ》れ延暦六年歳丁卯《ほしひのとのう》に次《やど》る十一月庚戌の朔甲寅、嗣天子臣《してんししん》、謹みて従二位行大納言兼民部卿造東大寺司長官藤原朝臣継縄《つぐただ》を遣して、敢《あ》へて昭《あきらか》に昊天上帝に告《もう》さしむ。臣、恭《うやうや》しく睠命《けんめい》を膺《う》けて鴻基《こうき》を嗣ぎ守る。幸《さきわい》に、穹蒼《きゅうそう》祚《さきわい》を降し、覆燾《ふとう》徴を騰ぐるに頼りて、四海晏然《あんぜん》として万姓康楽す。方《まさ》に今、大明《たいめい》南に至りて、長晷《ちょうき》初めて昇る。敬ひて燔祀《はんし》の儀を采《と》り、祗《つつし》みて報徳の典《のり》を脩《おさ》む。謹みて玉帛《ぎょくはく》・犠斉《ぎせい》・粢盛《しせい》の庶品を以て茲《こ》の禋燎《いんりょう》に備へ、祗みて潔誠を薦《すす》む。高紹《たかつがす》天皇の配神作主《はいしんさくしゅ》、尚《こいねが》はくは饗《う》けたまへ。

この時、桓武が前天皇であり亡父である光仁を「天帝」と合祀し、光仁に対しても祭文を献上していることが注目される。「天帝」とは宇宙の支配者であり、中国では皇帝の任命権者というべき絶対的な存在であった。その「天帝」と光仁とを合祀したということは、光仁が「天帝」の指名・命令（いわゆる天命）を受けた最初の皇帝、すなわち王朝の開祖、皇統の始祖と位置づけられたのに等しい。

桓武は、天智や文武、聖武といった過去の天皇の誰かではなく、自分の父天皇を天命を受けた王朝の開祖、皇統の始祖として祭り上げたのである。桓武は、光仁を起点（始祖）とした中国的な皇統意識を生み出そうとしていたと考えられよう。桓武は、強いて命名するならば光仁という中国的な君主を始祖とする皇統を樹立しようとしていたことになる。

光仁・桓武の諡号の意味

「昊天上帝」に奉じられた祭文の後半に見える「高紹天皇」とは光仁を指す。光仁の諡号は「天宗《あめむね》高紹」天皇といったのである。これは、光仁が死去した七八一年十二月の翌年正月に献上されたものであるが、彼が皇統意識の上でどのように位置づけられていたかを知る手掛かりになる。

光仁の諡号が作られた段階では、中国的な皇統意識は未成立であったから、「天宗高紹」天皇の「天宗」とは、文武の諡号「天之真宗豊祖父《あめのまむねとよおおじ》」天皇の「天之真宗」に通ずると考えるのが妥当ではないだろうか。とすれば、「天宗高紹」天皇とは、「文武に始まる皇統を高らかに受け継いだ偉大なる天皇」という意味になるであろう。この段階では、光仁はなお草壁皇統に連なる天皇として認識されていたわけである。

それに対し桓武の諡号は「日本根子《やまとねこ》皇統弥照《あまつひつぎいやてらす》」天皇といった。これは、八〇六（大同元）年三月に桓武が死去した翌月に献じられたものであるから、この時すでに光仁を始祖とする中国的な皇統意識は成立している。「日本根子皇統弥照」天皇とは、「日本根子」が天皇の地位を示す尊称であり、「皇統弥照」天皇は「光仁に始まる新しい皇統をさらに光り輝かせた偉大なる天皇」の意味に理解できると思われる。「皇統」は「あまつひつぎ（皇位の継承、あるいは継承される皇位の意味）」と読まれたようだが、ここで「皇統」という漢語が登場するのは実に興味深い。

新たな皇統継承の構想

さて、新皇統には新たな皇統継承の原理がなければならないであろう。桓武はこれについてどのように考えていたのであろうか。

まず桓武は、彼にとって擁立の功臣というべき藤原氏の式家から娘（乙牟漏《おとむろ》、旅子《りょし》）を娶り、彼女らとの間に安殿《あて》、賀美能《かみの》、大伴《おおとも》の三親王《みこ》を得ることができた。桓武が数ある子女のなかでも彼ら三人を特別扱いにしたのは、彼らが藤原氏の、とくに式家の血を受け継ぐことを評価したものであろう。これは、藤原氏の血を重視する文武皇統の原理を踏襲したものと考えられる。聖武が光明子を始めとして藤原氏から複数の娘を迎えながら、たった一人の男子しか得られなかったこと（しかも彼は夭折してしまった）に較べると、桓武の優位は圧倒的ですらある。

つぎに桓武は、この三人の親王たちにそれぞれ異母姉妹を娶らせたのである。すなわち桓武は、安殿に聖武の血筋を引く朝原内親王《あさはらのひめみこ》だけでなく異母妹の大宅内親王《おおやけのひめみこ》（母は橘《たちばなの》常子《じょうし》）も娶らせた。賀美能には高津内親王《たかつのひめみこ》（母は坂上又子《さかのうえのゆうし》）を、大伴にも高志内親王《こしのひめみこ》（母は藤原乙牟漏。平城の同母妹）を娶らせている。これは七世紀後半に集中して行われ、最終的には文武を生み出すことになった近親婚を踏襲していると見られる。このような近親婚は、聖武と較べて娘の数も多かった桓武だからこそ可能だったといえよう。

桓武は、このように藤原氏式家出身の母をもち、さらに異母姉妹を妻とする三人の親王たちに皇位継承権をあたえ、さらに皇位継承上の重要な役割を分担させようと考えたのである。すなわち、彼ら三人をそれぞれ起点として、複数の系統から交替で天皇を出すのである。いわゆる皇統の迭立《てつりつ》（交互に立つこと）である。実は、桓武にはこの三人以外にも藤原氏の娘を母とする伊予親王《いよのみこ》という息子がいた。しかし、彼の母は藤原南家の是公《これきみ》の娘

図8　桓武父子の婚姻関係（河内祥輔『古代政治史における天皇制の論理』吉川弘文館、一九八六年より）

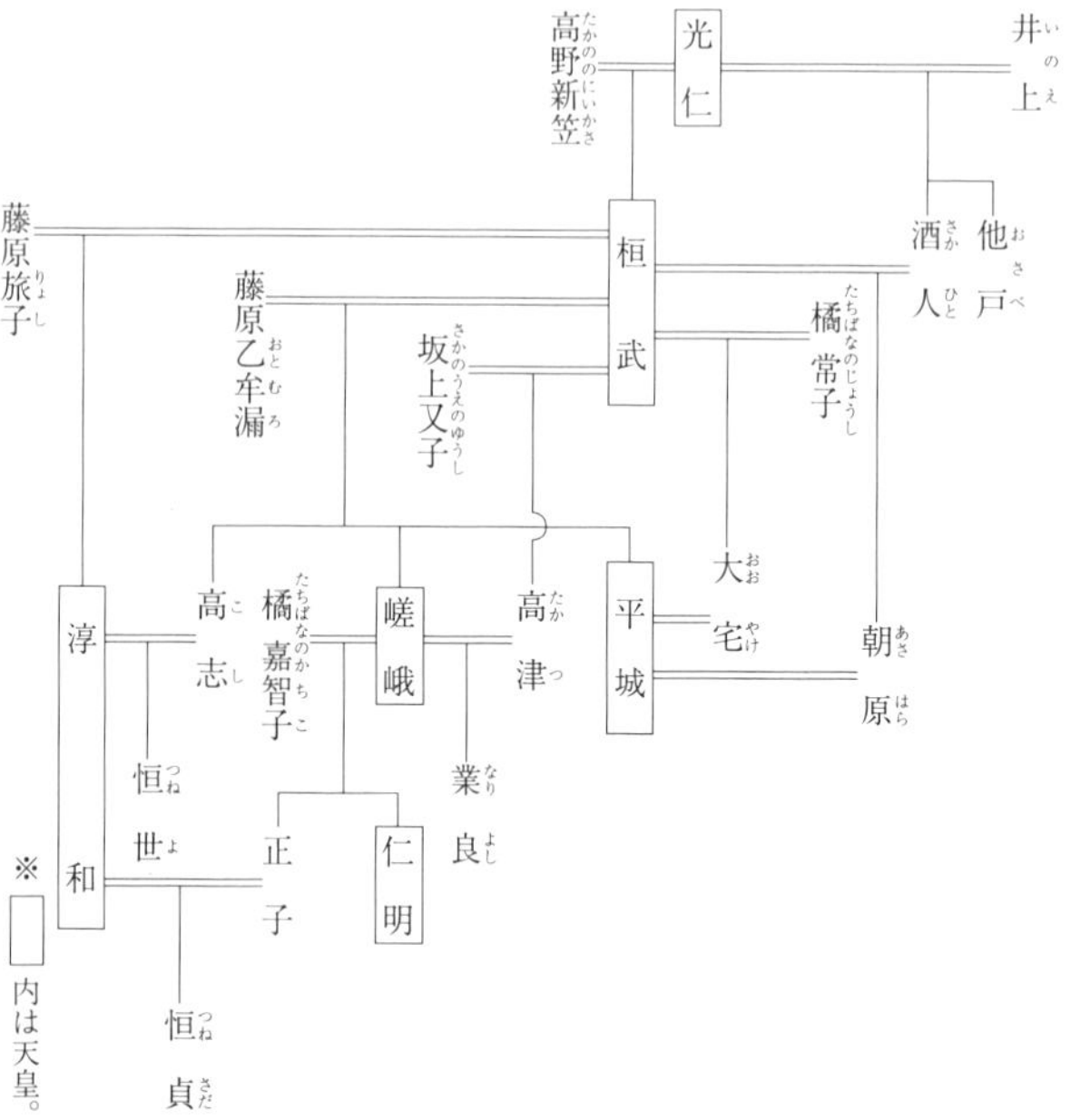

吉子《きつし》であり、その点で彼はこの選から漏れたようである。桓武が伊予の邸宅に頻繁に行幸したのは、たんに彼を寵愛していたからではなく、いわば贖罪の意味があったと思われる。

　桓武は、文武に始まる皇統が基本的に一系のみであったために、藤原氏の娘が生んだ皇子といった理想とする後継者に恵まれなかった場合、極めて脆いことを見抜いていたのであろう。また、聖武のように皇統の再建に時間と労力を費やすよりも、あらかじめ複数の皇統があるのに越したことはないとも考えたようである。要するに桓武は、彼も一時は連なっていた前代の皇統（文武＝草壁皇統）の破綻や奮闘を貴重な教訓にして、皇統迭立という新たな皇統継承の方式を編み出したということができよう。

桓武から平城へ

八〇六（大同《だいどう》元）年三月、桓武は齢《よわい》七十でこの世を去る。『日本後紀《にほんこうき》』大同元年三月辛巳条によれば、

……頃《しばらく》有りて天皇正寝《せいしん》に崩ず。春秋七十。皇太子哀号《あいごう》、擗踊《へきよう》して、迷ひて起たず。参議従三位近衛中将坂上大宿禰《さかのうえのおおすくね》田村麻呂《たむらまろ》・春宮大夫従三位藤原朝臣葛野麻呂《ふじわらのあそみかどのまろ》、固く請け扶《たす》けて殿より下りて東廂《ひがしびさし》に遷る。次いで璽《じ》并びに剣樻《けんき》を東宮に奉る。近衛将監従五位下紀朝臣縄麻呂《きのあそみただまろ》・従五位下多朝臣入鹿《おおのあそみいるか》相副ひて之に従ふ。

とあって、この時、先帝死去に伴なう剣璽渡御《けんじとぎょ》（いわゆる践祚《せんそ》）が初めて行われた。桓武から安殿皇太子への皇位譲渡はすでに決まっていたとはいえ、このように皇位の象徴たる神器《じんき》の授受に細心の注意が払われたのは、やはり皇統迭立という新たな試みの滑り出しだったからであろう。

同年五月に安殿は即位して平城《へいぜい》天皇となり、同母弟の賀美能親王《かみののみこ》（後の嵯峨天皇）が皇太弟に立てられた。これにより平城系と嵯峨系による皇統迭立の基礎が据えられたのであ

る。翌八〇七（大同二）年十月に伊予親王が謀反の容疑を受け、翌月母吉子とともに自殺するという事件が起きる。これは、そのタイミングからいえば、皇統の迭立を脅かす存在である伊予を体よく抹殺しようとした陰謀であった疑いが否定できない。

だが、その後、八〇九（大同四）年四月、早くも平城は病気を理由に嵯峨に譲位し、平城の息子高岳親王《たかおかのみこ》が嵯峨の皇太子に立てられた。こうして皇統迭立は順調に展開するかに思われた。

平城上皇の政変

しかし、今度は嵯峨が病に倒れると、平城は旧都となった平城京に移り、八一〇（弘仁元）年九月には平城還都《かんと》を宣言し、皇位への復帰の意欲を見せたのである。平城の行動は平城系と嵯峨系による皇統迭立に水を差すものであり、精神の安定を欠いていた彼が、藤原仲成《なかなり》・薬子《くすこ》兄妹（種継の子女）に操られてこのような不可解な行動に走ったといわれている。

しかし、平城の行動を考える上で見逃せないのは、八一〇年段階で嵯峨にはまだ高岳皇太子の後継となりうる男子がいなかったということである。嵯峨に男子（後の仁明《にんみょう》天皇）が生まれたのはちょうどこの年であった。他方、平城・嵯峨の異母弟である大伴親王《おおとものみこ》は異母姉妹の高志内親王《こしのひめみこ》との間に恒世親王《つねよのみこ》をもうけていた。恒世は桓武を父母双方の祖父とし、桓武擁立の功臣である藤原氏式家出身の女性を祖母にもつという濃密な近親婚の所産であった。平城は、嵯峨に男子がおらず、大伴には恒世がいるという状況のもとで復位をめざしたことになる。

とすれば、平城が天皇復帰を企てたのは、それにより嵯峨を事実上廃位に追い込み、彼を「一代限りの天皇」にしてしまおうという意図によるのではないかと考えられる。平城としては、「皇嗣」となる男子のいない同母弟を排除し、異母弟との皇統迭立を実現しようとしたのではないだろうか。そのように考えれば、一見不可解に思われる平城の行動も、亡父桓武の構想を根底から否定するものではなかったことになる。

嵯峨による軌道修正

ところが、平城上皇のこの企ては失敗に終わる。かつて七六四（天平宝字八）年、称徳（上皇）が淳仁を廃位しようとした時は、称徳の側から先制攻撃を仕掛けて事を成就させたが、平城の場合は、逆に嵯峨側の武力発動によって完全に先手を取られてしまったのである。平城は東国に逃れて再起を企てたが、嵯峨の兵力に行く手を遮られ、平城京に戻り、そこで出家を余儀なくされた。嵯峨は平城の計画を武力で粉砕したのである。

その後、嵯峨によって皇統の再建が企てられる。まず、高岳皇太子を廃して平城系を排除し、代わって異母弟大伴（後の淳和《じゅんな》天皇）を皇太弟に立てた。嵯峨は亡父桓武の構想に若干修正を加えて、嵯峨系と淳和系による皇統迭立をめざそうとしたと見られる。八二三（弘仁十四）年四月、嵯峨が譲位して皇太弟大伴が即位して淳和天皇となる。淳和は、嵯峨とその皇后 橘《たちばなの》嘉智子《かちこ》との間に生まれた正良《まさら》親王《のみこ》を皇太子に立てた。

八三三（天長《てんちょう》十）年二月、淳和は正良皇太子に譲位、ここに仁明《にんみょう》天皇が誕生する。淳和とその皇后正子《まさこ》内親王《のひめみこ》（嵯峨と嘉智子の娘、仁明の双子の姉妹）の息子である恒貞《つねさだ》親王《のみこ》が仁明の皇太子に立てられた（恒世はすでに八二六年に死去）。こうして皇統迭立は順調に進められているかに見えたが、それはあくまで、嵯峨と淳和という二人の太上天皇の存在を「重し」に維持された一時の「平和」にすぎなかったのである。

承和の変―皇統迭立の破綻

八四〇（承和《じょうわ》七）年五月、淳和太上天皇が死去（五十五歳）、八四二（承和九）年七月には嵯峨太上天皇が五十七歳でこの世を辞した。二人の太上天皇が相次いで鬼籍《きせき》に入ったことによって、皇統迭立はもろくも瓦解することになる。

嵯峨が死去してわずか二日後、東宮坊帯刀《たてわき》であった伴《ともの》健岑《こわみね》と但馬権守《たじまのごんのかみ》 橘《たちばなの》逸勢《はやなり》らの謀反が発覚する。承和の変である。それは、平城の息子阿保《あぼ》親王《のみこ》を奉じての東国での挙兵計画であった。皮肉なことに、計画は阿保自身によって太皇太后橘嘉智子に通報された。嘉智子は中納言藤原良房《よしふさ》に命じて健岑らを逮捕させた。そして、健岑は隠岐《おき》国に、逸勢は伊豆国に流罪となる。

さらに、東宮坊の主である恒貞皇太子にも責任ありとして、彼は皇太子の座を追われることになったのである。恒貞に代わって皇太子に立てられたのが道康親王《みちやすのみこ》（後の文徳《もんとく》天皇）であった。彼は、仁明と藤原冬嗣《ふゆつぐ》（北家）の娘順子《じゅんし》との間に生まれた。これ以後しばらくは文徳→清和《せいわ》→陽成《ようぜい》というように、皇位は藤原氏の北家と姻戚関係を結んだ嵯峨直系によって継承され、結果的に見て皇統は嵯峨系に一本化されることになった。承和の変により皇統迭立は完全に破綻したのである。桓武が構想した皇統迭立は、結局半世紀も続かなかったことになる。

ただ、嵯峨直系も陽成で絶え、その後は仁明の息子である光孝《こうこう》が即位し、宇多《うだ》→醍醐《だいご》→村上《むらかみ》と続くことになるが、これは広義の嵯峨系と呼ぶことができるであろう。この後は、藤原氏（とくに北家）の娘が皇后（女御《にょうご》）となり次代の天皇を生むという、かつて持統によって定められ、七二九（天平元）年の光明立后の時に聖武によって確立された原則が基本的に踏襲され、皇位継承を律していくことになる。

振り返って見れば、皇統護持のためにさまざまな手段が編み出された。そのなかでも皇統に藤原氏の血を取り入れるという一項だけは、聖武による皇統再建期に一時後退したかのように見えたが、結局のところ最後まで残ったといえるであろう。

あとがき

　奈良時代には天武天皇の子孫が相次いで即位し、天武の兄である天智大王の子孫は皇位継承から完全に締め出されていたが、称徳天皇（女帝）で「天武系」が断絶するや、「天智系」の光仁天皇、次いで桓武天皇がそれに取って代わったという見方は、今や歴史の常識になりつつある。本書はその常識に対して根本的な再検討を加えたものであるが、著者が上記のような通説的見解に疑問を抱くに至った経緯について、巻末のこの場を借りて記しておくことにしたい。

「天智系と天武系の対立」という見方が生まれるに至ったのは、ひとえに古代最大の内乱といわれる壬申の乱の理解に関わっているのではないだろうか。すなわち、あれほどの大きな戦争に発展するほどに、天智と天武との間には、容易に解決しがたい深刻な確執と抗争があったに違いないというわけである。果たしてそれが何であるかということで、古くは天智・天武の兄弟が額田姫王《ぬかたのおおきみ》をめぐって「三角関係」にあったとする説が唱えられ、近年では、天智と天武の兄弟関係が逆転する、あるいは両者は実の兄弟ではなかったという説が意外に広く信じられている。だが、これらはいずれも天智・天武の間に根の深い対立・抗争があったことを大前提に導き出された仮説の域を出るものではない。

著者は、一九九六年に『壬申の乱―天皇誕生の神話と史実―』（中公新書）という本を書き、内乱勃発の原因について改めて検討を加えてみた。その結果、天智・天武兄弟の間に長期にわたって癒しがたい対立があったわけではなく、天武は当初、天智の将来構想に同意もし、協力もしてきたのだが、兄の死の間際、土壇場になってそれを裏切ったのではないかと考えた。

そして、天武が天智によって既得権（皇位継承資格）を奪われたので、それを取り返すためにやむを得ず挙兵したというのも、所詮「勝者の強弁」にすぎず、「大皇弟《おおすめいろど》」天武にはもともと王位継承権などなかったということに気づいた。疑問は尽きない。天武といえば「大君は神にしませば」というフレーズが浮かぶが、彼は同時代において本当に偉大な専制君主として仰がれていたのか。調べてみると、意外にも彼はその在位中に何度か臣下から厳しい批判を突き付けられているのである。

このように、ひとたび壬申の乱について通説的な見方から解放されてみると、内乱発生の背景にあった天智・天武の確執・抗争が、乱後はそれぞれの子孫によって引き継がれ、それが奈良時代の終わり頃まで続いた（さらには、その後も長く両者の対立は続いた）という見方が、いかに平板・浅薄であり現実とは掛け離れた解釈にすぎないかが痛感されるようになった。

たとえば、通説では天武直系とされる聖武天皇が、どうして娘婿にいわゆる「天智系」の白壁王《しらかべのおおきみ》（光仁天皇）を迎え、しかも彼に期するところがあったのか、また、やはり天武直系とされる孝謙・称徳天皇が、同じ「天武系」というべき塩焼王《しおやきのおおきみ》・道祖王《ふなどのおおきみ》兄弟や淳仁天皇らに対し、いかに冷淡で惨たらしい仕打ちを平然と行えたかなど、従来の「天智系と天武系の対立」という平板な見方では十分に説明しがたい事実が多々あることを具体的に呈示できたと思う。

奈良時代の主流をなす皇統意識が、従来いわれているように天武あるいは天智を起点とするものではなく、文武次いで草壁皇子を皇統の始祖に戴くものであったとする私見に対し、忌憚のない批判や反論が寄せられることを期して、ここに擱筆する。

著者はこれまで古代の王権（大王権力・天皇権力）の特質とその変遷について勉強を続

けてきたが、七世紀前半の推古大王死去から九世紀半ばの承和の変まで、およそ二百年余の長期にわたって古代の皇位継承を概観する書物を「歴史文化ライブラリー」の一冊に加えていただいたことを嬉しく有り難く思う。最後になったが、「歴史文化ライブラリー」への執筆を紹介してくださった鶴見大学の関幸彦氏、原稿提出が大幅に遅れたにも拘わらず笑顔で待ってくださった吉川弘文館の大岩由明氏、編集を担当してくださった永田伸氏に、御礼を申し上げたい。

二〇〇七年六月

遠山美都男

参考文献

荒木敏夫『可能性としての女帝』青木書店、一九九九年
井上　亘『日本古代の天皇と祭儀』吉川弘文館、一九九八年
木本好信『奈良朝政治と皇位継承』高科書店、一九九五年
河内祥輔『古代政治史における天皇制の論理』吉川弘文館、一九八六年
　『中世の天皇観』山川出版社、二〇〇三年
小林茂文『天皇制創出期のイデオロギー』岩田書院、二〇〇六年
栄原永遠男編『古代の人物③平城京の落日』清文堂、二〇〇五年
瀧浪貞子『古代最後の女帝　孝謙天皇』吉川弘文館、一九九八年
　『帝王聖武』講談社、二〇〇〇年
藤堂かほる「天智陵の営造と律令国家の先帝意識」『日本歴史』第六〇二号、一九九八年
　「律令国家の国忌と廃務」『日本史研究』第四三〇号、一九九八年
中西康裕『続日本紀と奈良朝の政変』吉川弘文館、二〇〇四年
早川庄八「『かけまくもかしこき先朝』考」『日本歴史』第五六〇号、一九九五年
林　陸朗『上代政治社会の研究』吉川弘文館、一九六九年
保立道久『平安王朝』岩波書店、一九九六年

『黄金国家』青木書店、二〇〇四年
水林　彪「律令天皇制の皇統意識と神話（上）（下）」『思想』第九六六号・第九六七号、二〇〇四年
森田　悌「二つの皇統意識」『続日本紀研究』第三五四号、二〇〇五年

著者紹介

一九五七年、東京都に生まれる
一九八六年、学習院大学大学院人文科学研究科史学専攻博士後期課程中退
一九九七年、博士（史学）学習院大学
現在、学習院大学・日本大学・立教大学、各非常勤講師

主要著書
古代王権と大化改新　蘇我氏四代　白村江
壬申の乱　天皇と日本の起源　古代日本の女帝とキサキ

歴史文化ライブラリー
242

古代の皇位継承
天武系皇統は実在したか

二〇〇七年（平成十九）十一月一日　第一刷発行
二〇一七年（平成二十九）四月一日　第三刷発行

著　者　遠《とお》山《やま》美《み》都《つ》男《お》
発行者　吉川道郎
発行所　株式会社 吉川弘文館
東京都文京区本郷七丁目二番八号
郵便番号一一三―〇〇三三
電話〇三―三八一三―九一五一〈代表〉
振替口座〇〇一〇〇―五―二四四
http://www.yoshikawa-k.co.jp/
印刷＝株式会社 平文社
製本＝ナショナル製本協同組合
装幀＝マルプデザイン

ISBN978-4-642-05642-7

歴史文化ライブラリー

1996.10

刊行のことば

現今の日本および国際社会は、さまざまな面で大変動の時代を迎えておりますが、近づきつつある二十一世紀は人類史の到達点として、物質的な繁栄のみならず文化や自然・社会環境を謳歌できる平和な社会でなければなりません。しかしながら高度成長・技術革新にともなう急激な変貌は「自己本位な刹那主義」の風潮を生みだし、先人が築いてきた歴史や文化に学ぶ余裕もなく、いまだ明るい人類の将来が展望できていないようにも見えます。このような状況を踏まえ、よりよい二十一世紀社会を築くために、人類誕生から現在に至る「人類の遺産・教訓」としてのあらゆる分野の歴史と文化を「歴史文化ライブラリー」として刊行することといたしました。

小社は、安政四年（一八五七）の創業以来、一貫して歴史学を中心とした専門出版社として書籍を刊行しつづけてまいりました。その経験を生かし、学問成果にもとづいた本叢書を刊行し社会的要請に応えて行きたいと考えております。

現代は、マスメディアが発達した高度情報化社会といわれますが、私どもはあくまでも活字を主体とした出版こそ、ものの本質を考える基礎と信じ、本叢書をとおして社会に訴えてまいりたいと思います。これから生まれでる一冊一冊が、それぞれの読者を知的冒険の旅へと誘い、希望に満ちた人類の未来を構築する糧となれば幸いです。

吉川弘文館

歴史文化ライブラリー

古代史

邪馬台国 魏使が歩いた道——丸山雍成
邪馬台国の滅亡 大和王権の征服戦争——若井敏明
日本語の誕生 古代の文字と表記——沖森卓也
日本国号の歴史——小林敏男
古事記のひみつ 歴史書の成立——三浦佑之
日本神話を語ろう イザナキ・イザナミの物語——中村修也
東アジアの日本書紀 歴史書の誕生——遠藤慶太
〈聖徳太子〉の誕生——大山誠一
倭国と渡来人 交錯する「内」と「外」——田中史生
大和の豪族と渡来人 葛城・蘇我氏と大伴・物部氏——加藤謙吉
白村江の真実 新羅王・金春秋の策略——中村修也
よみがえる古代山城 国際戦争と防衛ライン——向井一雄
古代豪族と武士の誕生——森 公章
飛鳥の宮と藤原京 よみがえる古代王宮——林部 均
出雲国誕生——大橋泰夫
古代出雲——前田晴人
エミシ・エゾからアイヌへ——児島恭子
古代の皇位継承 天武系皇統は実在したか——遠山美都男
持統女帝と皇位継承——倉本一宏
古代天皇家の婚姻戦略——荒木敏夫
高松塚・キトラ古墳の謎——山本忠尚
壬申の乱を読み解く——早川万年
家族の古代史 恋愛・結婚・子育て——梅村恵子
万葉集と古代史——直木孝次郎
地方官人たちの古代史 律令国家を支えた人びと——中村順昭
古代の都はどうつくられたか 中国・日本・朝鮮・渤海——吉田 歓
平城京に暮らす 天平びとの泣き笑い——馬場 基
平城京の住宅事情 貴族はどこに住んだのか——近江俊秀
すべての道は平城京へ 古代国家の〈支配の道〉——市 大樹
都はなぜ移るのか 遷都の古代史——仁藤敦史
聖武天皇が造った都 難波宮・恭仁宮・紫香楽宮——小笠原好彦
悲運の遣唐僧 円載の数奇な生涯——佐伯有清
遣唐使の見た中国——古瀬奈津子
古代の女性官僚 女官の出世・結婚・引退——伊集院葉子
平安朝 女性のライフサイクル——服藤早苗
平安京のニオイ——安田政彦
平安京の災害史 都市の危機と再生——北村優季
平安京はいらなかった 古代の夢を喰らう中世——桃崎有一郎
天台仏教と平安朝文人——後藤昭雄
藤原摂関家の誕生 平安時代史の扉——米田雄介
安倍晴明 陰陽師たちの平安時代——繁田信一

歴史文化ライブラリー

平安時代の死刑 なぜ避けられたのか——戸川 点
古代の神社と祭り——三宅和朗
時間の古代史 霊鬼の夜、秩序の昼——三宅和朗

中世史

列島を翔ける平安武士 九州・京都・東国——野口 実
源氏と坂東武士——野口 実
熊谷直実 中世武士の生き方——高橋 修
頼朝と街道 鎌倉政権の東国支配——木村茂光
鎌倉源氏三代記 一門・重臣と源家将軍——永井 晋
鎌倉北条氏の興亡——奥富敬之
三浦一族の中世——高橋秀樹
都市鎌倉の中世史 吾妻鏡の舞台と主役たち——秋山哲雄
源 義経——元木泰雄
弓矢と刀剣 中世合戦の実像——近藤好和
騎兵と歩兵の中世史——近藤好和
その後の東国武士団 源平合戦以後——関 幸彦
声と顔の中世史 戦さと訴訟の場景より——蔵持重裕
運 慶 その人と芸術——副島弘道
乳母の力 歴史を支えた女たち——田端泰子
荒ぶるスサノヲ、七変化 〈中世神話〉の世界——斎藤英喜
曽我物語の史実と虚構——坂井孝一
親 鸞——平松令三
親鸞と歎異抄——今井雅晴
神や仏に出会う時 中世びとの信仰と絆——大喜直彦
神風の武士像 蒙古合戦の真実——関 幸彦
鎌倉幕府の滅亡——細川重男
足利尊氏と直義 京の夢、鎌倉の夢——峰岸純夫
高 師直 室町新秩序の創造者——亀田俊和
新田一族の中世 「武家の棟梁」への道——田中大喜
地獄を二度も見た天皇 光厳院——飯倉晴武
東国の南北朝動乱 北畠親房と国人——伊藤喜良
南朝の真実 忠臣という幻想——亀田俊和
中世の巨大地震——矢田俊文
大飢饉、室町社会を襲う!——清水克行
贈答と宴会の中世——盛本昌広
中世の借金事情——井原今朝男
庭園の中世史 足利義政と東山山荘——飛田範夫
土一揆の時代——神田千里
山城国一揆と戦国社会——川岡 勉
中世武士の城——齋藤慎一
武田信玄——平山 優
歴史の旅 武田信玄を歩く——秋山 敬

歴史文化ライブラリー

戦国大名の兵粮事情―久保健一郎
戦乱の中の情報伝達 使者がつなぐ中世京都と在地―酒井紀美
戦国時代の足利将軍―山田康弘
名前と権力の中世史 室町将軍の朝廷戦略―水野智之
戦国貴族の生き残り戦略―岡野友彦
戦国を生きた公家の妻たち―後藤みち子
鉄砲と戦国合戦―宇田川武久
検証 長篠合戦―平山 優
よみがえる安土城―木戸雅寿
検証 本能寺の変―谷口克広
加藤清正 朝鮮侵略の実像―北島万次
落日の豊臣政権 秀吉の憂鬱、不穏な京都―河内将芳
北政所と淀殿 豊臣家を守ろうとした妻たち―小和田哲男
豊臣秀頼―福田千鶴
偽りの外交使節 室町時代の日朝関係―橋本 雄
朝鮮人のみた中世日本―関 周一
ザビエルの同伴者 アンジロー 戦国時代の国際人―岸野 久
海賊たちの中世―金谷匡人
中世 瀬戸内海の旅人たち―山内 譲
アジアのなかの戦国大名 西国の群雄と経営戦略―鹿毛敏夫
琉球王国と戦国大名 島津侵入までの半世紀―黒嶋 敏
天下統一とシルバーラッシュ 銀と戦国の流通革命―本多博之

近世史

神君家康の誕生 東照宮と権現様―曽根原 理
江戸の政権交代と武家屋敷―岩本 馨
江戸の町奉行―南 和男
江戸御留守居役 近世の外交官―笠谷和比古
検証 島原天草一揆―大橋幸泰
大名行列を解剖する 江戸の人材派遣―根岸茂夫
江戸大名の本家と分家―野口朋隆
赤穂浪士の実像―谷口眞子
〈甲賀忍者〉の実像―藤田和敏
江戸の武家名鑑 武鑑と出版競争―藤實久美子
武士という身分 城下町萩の大名家臣団―森下 徹
旗本・御家人の就職事情―山本英貴
武士の奉公 本音と建前 江戸時代の出世と処世術―高野信治
宮中のシェフ、鶴をさばく 江戸時代の朝廷と庖丁道―西村慎太郎
馬と人の江戸時代―兼平賢治
犬と鷹の江戸時代 〈犬公方〉綱吉と〈鷹将軍〉吉宗―根崎光男
紀州藩主 徳川吉宗 明君伝説・宝永地震・隠密御用―藤本清二郎
江戸時代の孝行者 「孝義録」の世界―菅野則子
死者のはたらきと江戸時代 遺訓・家訓・辞世―深谷克己

歴史文化ライブラリー

近世の百姓世界——白川部達夫
江戸の寺社めぐり 鎌倉・江ノ島・お伊勢さん——原 淳一郎
宿場の日本史 街道に生きる——宇佐美ミサ子
江戸のパスポート 旅の不安はどう解消されたか——柴田 純
〈身売り〉の日本史 人身売買から年季奉公へ——下重 清
江戸の捨て子たち その肖像——沢山美果子
江戸の乳と子ども いのちをつなぐ——沢山美果子
歴史人口学で読む江戸日本——浜野 潔
それでも江戸は鎖国だったのか オランダ宿 日本橋長崎屋——片桐一男
江戸の文人サロン 知識人と芸術家たち——揖斐 高
エトロフ島 つくられた国境——菊池勇夫
江戸時代の医師修業 学問・学統・遊学——海原 亮
江戸の流行り病 麻疹騒動はなぜ起こったのか——鈴木則子
江戸幕府の日本地図 国絵図・城絵図・日本図——川村博忠
都市図の系譜と江戸——小澤 弘
江戸の地図屋さん 販売競争の舞台裏——俵 元昭
近世の仏教 華ひらく思想と文化——末木文美士
江戸時代の遊行聖——圭室文雄
ある文人代官の幕末日記 林鶴梁の日常——保田晴男
松陰の本棚 幕末志士たちの読書ネットワーク——桐原健真
幕末の世直し 万人の戦争状態——須田 努
幕末の海防戦略 異国船を隔離せよ——上白石 実
江戸の海外情報ネットワーク——岩下哲典
黒船がやってきた 幕末の情報ネットワーク——岩田みゆき
幕末日本と対外戦争の危機 下関戦争の舞台裏——保谷 徹

近・現代史

五稜郭の戦い 蝦夷地の終焉——菊池勇夫
幕末明治 横浜写真館物語——斎藤多喜夫
水戸学と明治維新——吉田俊純
大久保利通と明治維新——佐々木 克
旧幕臣の明治維新 沼津兵学校とその群像——樋口雄彦
維新政府の密偵たち 御庭番と警察のあいだ——大日方純夫
明治維新と豪農 古橋暉皃の生涯——高木俊輔
京都に残った公家たち 華族の近代——刑部芳則
文明開化 失われた風俗——百瀬 響
西南戦争 戦争の大義と動員される民衆——猪飼隆明
大久保利通と東アジア 国家構想と外交戦略——勝田政治
自由民権運動の系譜 近代日本の言論の力——稲田雅洋
明治の政治家と信仰 クリスチャン民権家の肖像——小川原正道
日赤の創始者 佐野常民《つねたみ》——吉川龍子
文明開化と差別——今西 一
アマテラスと天皇 〈政治シンボル〉の近代史——千葉 慶

歴史文化ライブラリー

歴史文化ライブラリー

銃後の社会史 戦死者と遺族 ―― 一ノ瀬俊也
海外戦没者の戦後史 遺骨帰還と慰霊 ―― 浜井和史
国民学校 皇国の道 ―― 戸田金一
学徒出陣 戦争と青春 ―― 蜷川壽惠
〈近代沖縄〉の知識人 島袋全発の軌跡 ―― 屋嘉比 収
沖縄戦 強制された「集団自決」 ―― 林 博史
原爆ドーム 物産陳列館から広島平和記念碑へ ―― 頴原澄子
戦後政治と自衛隊 ―― 佐道明広
米軍基地の歴史 世界ネットワークの形成と展開 ―― 林 博史
沖縄 占領下を生き抜く 軍用地・通貨・毒ガス ―― 川平成雄
昭和天皇退位論のゆくえ ―― 冨永 望
紙 芝 居 街角のメディア ―― 山本武利
団塊世代の同時代史 ―― 天沼 香
鯨を生きる 鯨人の個人史・鯨食の同時代史 ―― 赤嶺 淳
丸山真男の思想史学 ―― 板垣哲夫
文化財報道と新聞記者 ―― 中村俊介

文化史・誌

落書きに歴史をよむ ―― 三上喜孝
霊場の思想 ―― 佐藤弘夫
四国遍路 さまざまな祈りの世界 ―― 星野英紀・浅川泰宏
跋扈《ばっこ》する怨霊 祟りと鎮魂の日本史 ―― 山田雄司
将門伝説の歴史 ―― 樋口州男
藤原鎌足、時空をかける 変身と再生の日本史 ―― 黒田 智
変貌する清盛 『平家物語』を書きかえる ―― 樋口大祐
鎌倉 古寺を歩く 宗教都市の風景 ―― 松尾剛次
空海の文字とことば ―― 岸田知子
鎌倉大仏の謎 ―― 塩澤寛樹
日本禅宗の伝説と歴史 ―― 中尾良信
水墨画にあそぶ 禅僧たちの風雅 ―― 高橋範子
日本人の他界観 ―― 久野 昭
観音浄土に船出した人びと 熊野と補陀落渡海 ―― 根井 浄
殺生と往生のあいだ 中世仏教と民衆生活 ―― 苅米一志
浦島太郎の日本史 ―― 三舟隆之
戒名のはなし ―― 藤井正雄
墓と葬送のゆくえ ―― 森 謙二
仏画の見かた 描かれた仏たち ―― 中野照男
ほとけを造った人びと 止利仏師から運慶・快慶まで ―― 根立研介
〈日本美術〉の発見 岡倉天心がめざしたもの ―― 吉田千鶴子
祇園祭 祝祭の京都 ―― 川嶋將生
洛中洛外図屏風 つくられた〈京都〉を読み解く ―― 小島道裕
茶の湯の文化史 近世の茶人たち ―― 谷端昭夫
時代劇と風俗考証 やさしい有職故実入門 ―― 二木謙一

歴史文化ライブラリー

化粧の日本史 美意識の移りかわり──山村博美
乱舞の中世 白拍子・乱拍子・猿楽──沖本幸子
神社の本殿 建築にみる神の空間──三浦正幸
古建築修復に生きる 屋根職人の世界──原田多加司
古建築を復元する 過去と現在の架け橋──海野　聡
大工道具の文明史 日本・中国・ヨーロッパの建築技術──渡邉　晶
苗字と名前の歴史──坂田　聡
日本人の姓・苗字・名前 人名に刻まれた歴史──大藤　修
読みにくい名前はなぜ増えたか──佐藤　稔
数え方の日本史──三保忠夫
大相撲行司の世界──根間弘海
日本料理の歴史──熊倉功夫
吉兆　湯木貞一 料理の道──末廣幸代
日本の味　醤油の歴史──林　玲子・天野雅敏編
天皇の音楽史 古代・中世の帝王学──豊永聡美
流行歌の誕生 「カチューシャの唄」とその時代──永嶺重敏
話し言葉の日本史──野村剛史
日本語はだれのものか──川口　良・角田史幸
「国語」という呪縛 国語から日本語へ、そして○○語へ──川口　良・角田史幸
柳宗悦と民藝の現在──松井　健
遊牧という文化 移動の生活戦略──松井　健
マザーグースと日本人──鷲津名都江
金属が語る日本史 銭貨・日本刀・鉄炮──齋藤　努
書物に魅せられた英国人 フランク・ホーレーと日本文化──横山　學
災害復興の日本史──安田政彦
夏が来なかった時代 歴史を動かした気候変動──桜井邦朋

民俗学・人類学

日本人の誕生 人類はるかなる旅──埴原和郎
倭人への道 人骨の謎を追って──中橋孝博
神々の原像 祭祀の小宇宙──新谷尚紀
女人禁制──鈴木正崇
役行者と修験道の歴史──宮家　準
鬼の復権──萩原秀三郎
幽霊　近世都市が生み出した化物──髙岡弘幸
雑穀を旅する──増田昭子
川は誰のものか 人と環境の民俗学──菅　豊
名づけの民俗学 地名・人名はどう命名されてきたか──田中宣一
記憶すること・記録すること 聞き書き論ノート──香月洋一郎
番と衆 日本社会の東と西──福田アジオ
番茶と日本人──中村羊一郎
踊りの宇宙 日本の民族芸能──三隅治雄
日本の祭りを読み解く──真野俊和

歴史文化ライブラリー

柳田国男 その生涯と思想―――川田　稔

世界史

海のモンゴロイド ポリネシア人の祖先をもとめて―片山一道
中国古代の貨幣 お金をめぐる人びとと暮らし―柿沼陽平
黄金の島 ジパング伝説―宮崎正勝
琉球と中国 忘れられた冊封使―原田禹雄
古代の琉球弧と東アジア―山里純一
アジアのなかの琉球王国―高良倉吉
琉球国の滅亡とハワイ移民―鳥越皓之
イングランド王国と闘った男 ジェラルド・オブ・ウェールズの時代―桜井俊彰
魔女裁判 魔術と民衆のドイツ史―牟田和男
フランスの中世社会 王と貴族たちの軌跡―渡辺節夫
ヒトラーのニュルンベルク 第三帝国の光と闇―芝　健介
人権の思想史―浜林正夫
グローバル時代の世界史の読み方―宮崎正勝

考古学

タネをまく縄文人 最新科学が覆す農耕の起源―小畑弘己
農耕の起源を探る イネの来た道―宮本一夫
O脚だったかもしれない縄文人 人骨は語る―谷畑美帆
老人と子供の考古学―山田康弘
〈新〉弥生時代 五〇〇年早かった水田稲作―藤尾慎一郎
交流する弥生人 金印国家群の時代の生活誌―高倉洋彰
樹木と暮らす古代人 木製品が語る弥生・古墳時代―樋上　昇
古　墳―土生田純之
東国から読み解く古墳時代―若狭　徹
神と死者の考古学 古代のまつりと信仰―笹生　衛
国分寺の誕生 古代日本の国家プロジェクト―須田　勉
銭の考古学―鈴木公雄

各冊一七〇〇円～一九〇〇円（いずれも税別）
▽残部僅少の書目も掲載してあります。品切の節はご容赦下さい。